Statistical Analysis

Excel을 활용한
통계분석

머리말

한라산 등산 코스가 여러 가지 있듯이 통계학을 배우는 방법도 한 가지라고는 할 수 없다. 이론을 좋아하는 사람은 수식 중심의 코스를 선택하고 실천을 좋아하는 사람은 데이터 중심의 코스를 각각 자신의 취향에 맞는 루트를 택하면 된다. 하지만 통계학을 처음으로 배울 때의 요령이랄까, 그것은 통계 계산의 흐름을 눈으로 추적해 본다고 하는 것이다.

그래서 이 책에서는 Excel을 조작하면서 계산의 흐름을 눈으로 추적하듯이 데이터의 입력, Excel 함수 또는 분석 도구의 선택이라고 하는 정도로 통계의 계산순서를 알기 쉽게 전개해 나갔다. 초심자가 통계학을 공부하는 데 처음으로 벽에 부딪히는 것은 분산·표준편차라고 하는 통계량일 것이다. Excel을 사용해서 그것의 정의식, 공식, Excel 함수, 분석 도구 등의 여러 가지 방법으로 계산해 보면, 보고 있는 사이에 통계의 이해도가 높아지고 이해의 폭이 넓어지는 것에 스스로 놀라움을 금하지 못할 것이다. 이 책의 특징은 통계이론의 공부가 아니라 통계 계산의 흐름을 실감한다고 하는 점에 있다. 통계 계산의 흐름이 몸에 배면 그다음은 관심이 있는 데이터를 입수하는 것만으로 곧 통계를 자유자재로 조작할 수 있게 될 것이다.

현재 세상에는 여러 가지 데이터가 넘쳐나고, 그 데이터를 어떻게 분석하는가를 묻고 있다. 데이터를 분석할 수 있는 인재는 어디에서나 소중한 존재로 대접을 받는데, 그 대접은 유감스럽게도 '좋은 결과를 내는 인재'일지도 모른다. 결국은 분석을 의뢰하는 측이나 분석을 실시하는 측이나 데이터에 대해서 비판적인 눈을 계속해서 갖는 것이 필요할 것이다.

이 책에서는 실제로 분석을 실시하는 중에 빠지기 쉬운 문제점에 대해서 예제 데이터를 분석하면서 해결책을 배울 수 있도록 배려했다. 최근 수년 동안 고도의 분석수법이 알려져 있고, 어느 분석이 좋고 어느 분석이 나쁘냐 하는 것에 대해서도 인터넷상에서 검색하면 여러 가지 정보와 만날 수 있다. 그러나 여기에 "절대로 이렇게 하지 않으면 안 된다."라고 하는 것은 없다. 실제로 분석을 실시할 때는, 주어진 데이터에 대해서 몇 가지의 관점에서 분석하는 안목을 기르고 때로는 세세한 부분을, 때로는 대국적으로 데이터를 바라볼 수 있도록 하는 것이 필요하다. 물론 데이터를 수집하기 전에 분석의 계획이 똑바로 세워져 있는 것이 중요하다. 그러나 거기에 이르기까지에는 실제로 분석을 경험하고 시행착오하면서 배우는 것도 중요하다. 이 책은 이와 같은 목적을 충분히 달성하는 내용으로 되어 있지 않을지도 모르지만, 그것을 위한 일조가 된다면 저자들로서 큰 행운이다.

이 책에서는 Excel 2016 버전을 사용하고 있다. 이전 버전에 비해 함수나 분석 도구 등이 달라진 부분은 거의 없고, 차트 작성 방법과 작성 결과의 이미지가 다소 변경되었다.

마지막으로 이 책의 출판에 많은 도움을 주신 한올출판사 사장님 이하 관계자 여러분의 노고에 깊은 감사의 말씀을 드린다.

2022년 3월
저자 씀

CONTENTS

CONTENTS

CONTENTS

CONTENTS

Chapter 01

1변수의 그래프 표현

Chapter 01
1변수의 그래프 표현

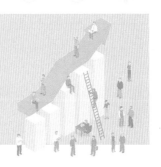

그래프 표현은 기본적으로 쉬운 통계수법인데, 데이터의 특징을 알기쉽게 설명할 수 있으므로, 대단히 중요하다.

여기에서는 다음과 같은 그래프를 그려 보기로 한다.

        1. 막대 그래프

        2. 원 그래프

        3. 꺾은선 그래프

        4. 레이더 차트

메뉴의 [삽입] - [차트 삽입]에 [모든 차트]가 구비되어 있다. 이것을 마음대로 구사할 수 있도록 하자.

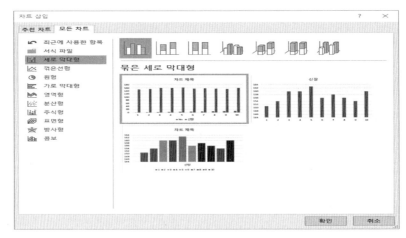

그 밖에 Excel로 지원이 안 되는 그래프도 있다.

상자도표, 오차막대형 차트 등이 있는데 SPSS 등의 소프트웨어를 사용하면 가능하다.

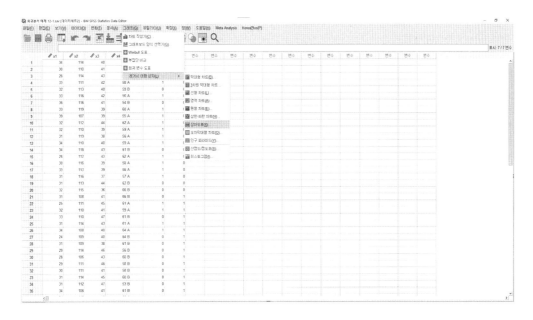

상자도표는 다음과 같다.

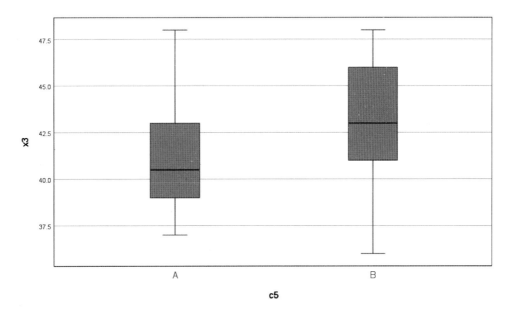

상자도표를 이용하면 '5가지 요약 수치'가 가능하다.

5가지 요약 수치(five-number summary)란 기술통계학에서 자료의 정보를 알려주는 아래의 다섯 가지 수치를 의미한다.

1. 최소값
2. 제1사분위수
3. 제2사분위수, 즉 중앙값
4. 제3사분위수
5. 최대값

1. 막대형 그래프의 작성

1. 세로 막대형 그래프

다음의 데이터는 7개의 도에 대한 의료관계 종사자의 수를 나타낸다. 의사와 간호사의 사람 수를 세로 막대형 그래프로 표현해 보자.

| 표 1.1 | 의료관계 종사자의 수

(단위 : 명)

도	의사	간호사
A	3057	11576
B	2792	9131
C	2869	10140
D	5873	20964
E	5685	19731
F	25492	57280
G	10663	30372

《순서 1》 데이터 입력

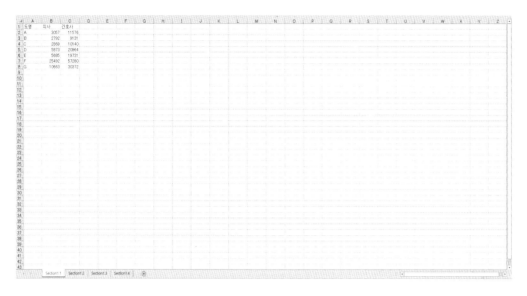

《순서 2》 범위 지정 및 그래프 종류 선택

메뉴에서 [삽입] - [차트] - [모든 차트] - [세로 막대형] 첫 번째 타입을 선택하고 [확인]을 클릭한다.

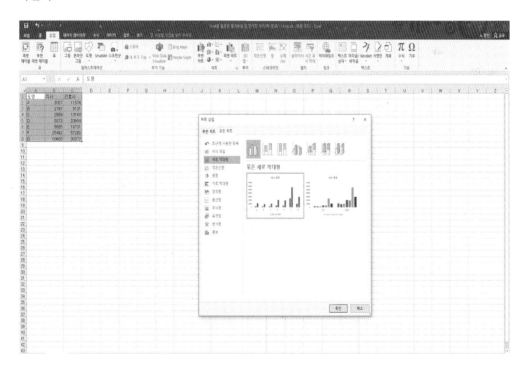

《순서 3》 그래프 수정

그래프 오른쪽에 있는 도구를 이용해서 축 제목, 차트 제목 등을 입력한다.

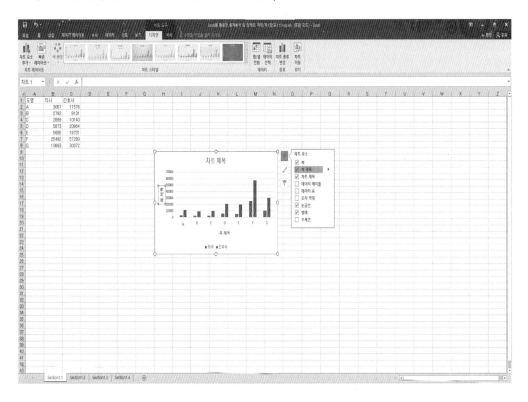

《순서 4》 그래프 완성

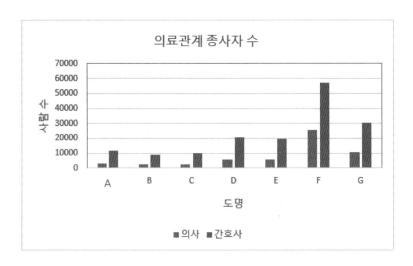

2. 가로 막대형 그래프

<표 1.1> 데이터를 경우에 따라서는 가로 막대형 그래프로 표현할 필요가 있다. 작성방법은 세로 막대형 그래프 경우와 같다.

《순서 1》 데이터 입력

《순서 2》 범위 지정 및 그래프 종류 선택

메뉴에서 [삽입] - [차트] - [모든 차트] - [가로 막대형] 첫 번째 타입을 선택하고 [확인]을 클릭한다.

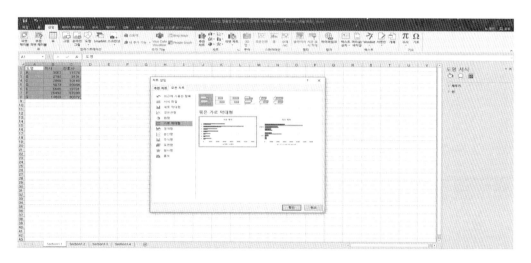

《순서 3》 그래프 수정 · 완성

그래프 오른쪽에 있는 도구를 이용해서 축 제목, 차트 제목 등을 입력한다.

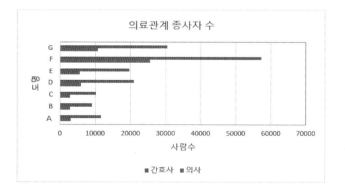

2. 원 그래프의 작성

다음의 데이터는 좌석 벨트를 착용하지 않았을 때의 자동차 사고에 대한 손상 주부위와 사망자 수를 조사한 결과이다.

| 표 1.2 | 손상 주부위별 사망자 수

손상부위	사망자 수
전신	447명
머리	2325명
목	412명
흉부	692명
복부	398명
기타	227명

《순서 1》 데이터 입력

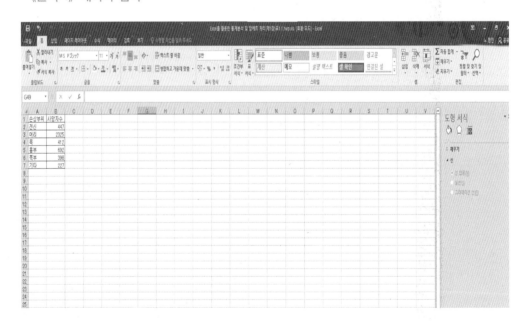

《순서 2》범위 지정 및 그래프 종류 선택

메뉴에서 [삽입] - [차트] - [모든 차트] - [원형] 첫 번째 타입을 선택하고 [확인]을 클릭한다.

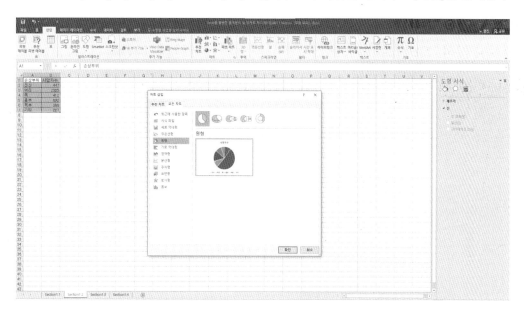

《순서 3》그래프 수정·완성

그래프 오른쪽에 있는 도구를 이용해서 축 제목, 차트 제목 등을 입력한다.

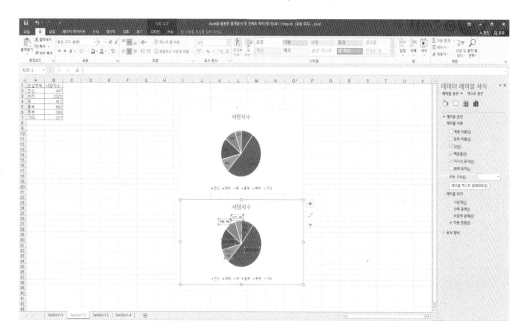

사망자 수를 표기할 수도 있고, 백분율로 표기할 수도 있다.

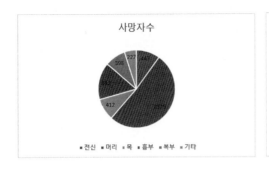
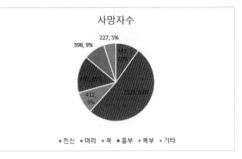

3. 꺾은선 그래프의 작성

다음의 데이터는 과거 10년간의 정어리 어획고의 변동을 조사한 것이다. 정어리 어획고는 어떻게 변화하고 있을까?

| 표 1.3 | **정어리의 어획고**

(단위 : 만 톤)

년	어획고
1년째	272
2년째	205
3년째	149
4년째	110
5년째	78
6년째	65
7년째	72
8년째	93
9년째	63
10년째	61

《순서 1》데이터 입력

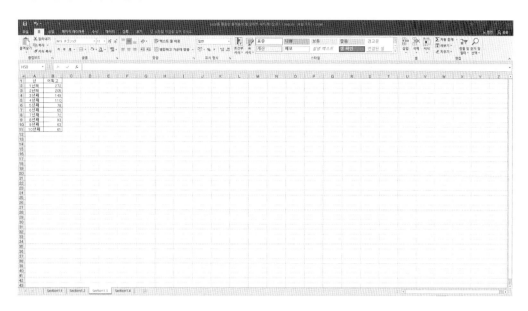

《순서 2》범위 지정 및 그래프 종류 선택

메뉴에서 [삽입] - [차트] - [모든 차트] - [꺾은선형] 네 번째 타입을 선택하고 [확인]을 클릭한다.

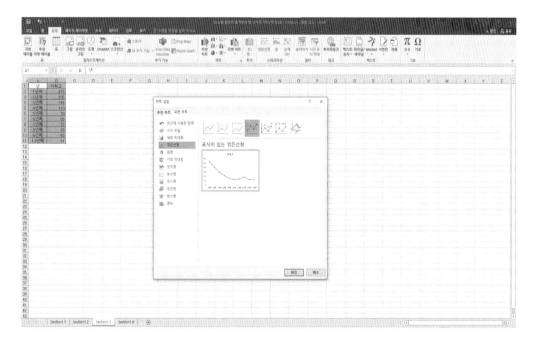

《순서 3》 그래프 수정

그래프 오른쪽에 있는 도구를 이용해서 축 제목, 차트 제목 등을 입력한다.

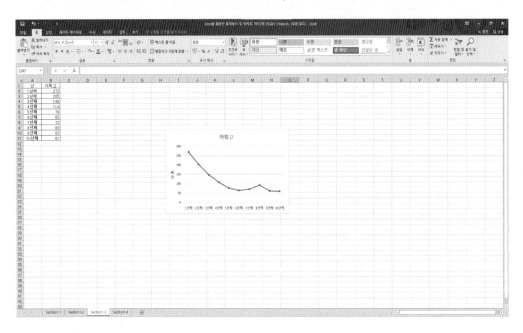

《순서 4》 그래프 완성

그래프에 수치 등을 입력할 때는 [차트 영역 서식]을 이용한다.

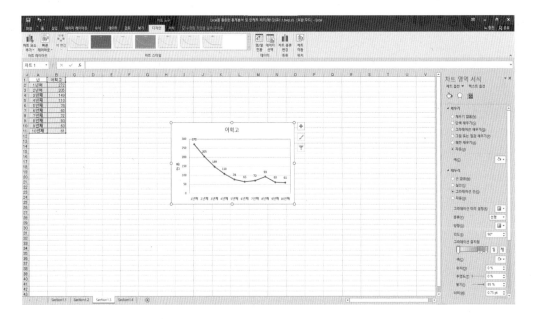

어획고의 하향추세가 일목요연하다. 추세선을 그어보면 다음과 같다.

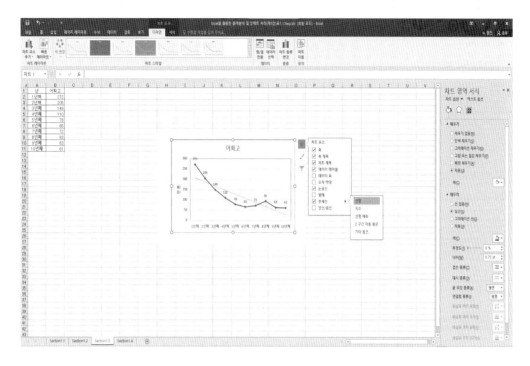

4. 레이더 차트의 작성

다음의 데이터는 남해안 해역별 수질분석치이다. 남해안의 수질을 레이더 차트로 표현해 보자.

| 표 1.4 | 남해안 해역별 수질분석치

해역명	투명도 (m)	염소 (‰)	COD (ppm)	NH_4-N (μg-at/1)	NO_3-N (μg-at/1)	PO_4-P (μg-at/1)
A	3.1	16.04	2.6	24.2	9.6	1.01
B	6.5	17.82	1.4	2.8	4.4	0.50
C	4.1	16.65	2.1	4.8	3.9	0.48
D	5.0	16.90	1.4	1.7	2.1	0.34
E	7.4	18.70	1.2	1.2	2.6	0.23
F	10.3	18.58	0.9	1.7	2.4	0.23

《순서 1》 데이터 입력

데이터를 입력하면, 조사하고 싶은 데이터의 범위를 지정한다.

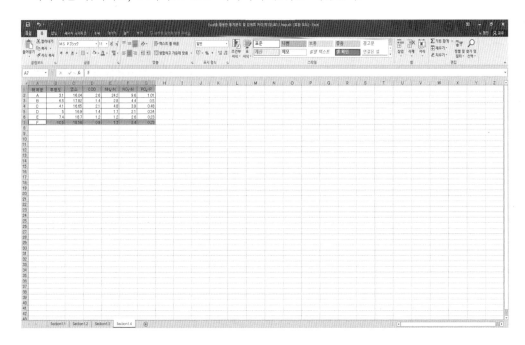

데이터의 일부만을 사용할 때는 Ctrl 키를 누르면서 범위지정을 한다.

《순서 2》범위 지정 및 그래프 종류 선택

메뉴에서 [삽입] - [차트] - [모든 차트] - [방사형] 첫 번째 타입을 선택하고 [확인]을 클릭
한다.

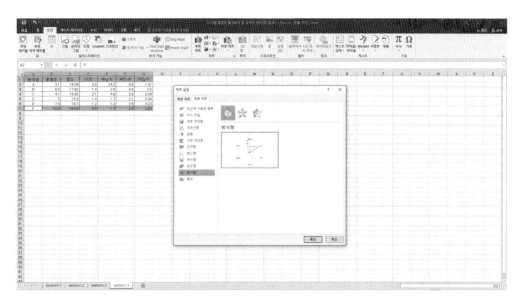

《순서 3》그래프 수정·완성

[데이터 레이블 서식]을 이용해서 수치를 넣어 보자.

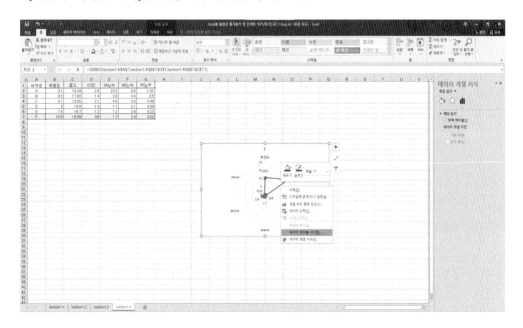

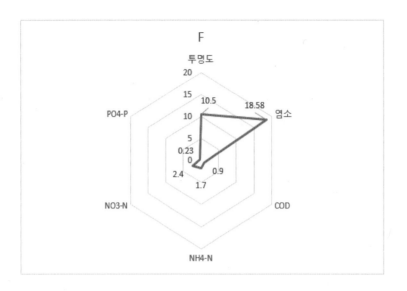

비교하고 싶은 두 해역 A와 F를 지정하여 방사형 그래프 두 번째 타입을 선택해서 그리면
된다.

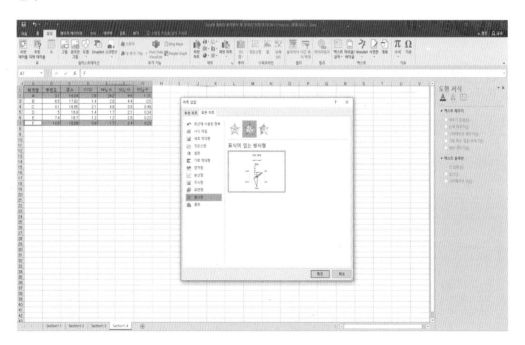

두 해역 A와 F의 비교가 분명해진다.

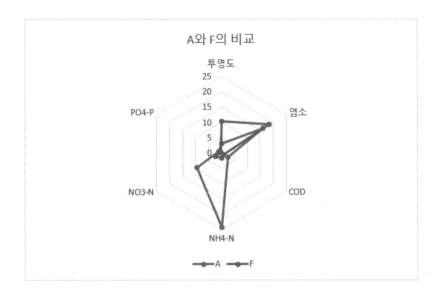

Chapter 02

1변수의 통계량

Chapter 02
1변수의 통계량

다음의 데이터를 사용해서 신장의 기초통계량을 구해보자.

| 표 2.1 | 10명의 학생에 대한 조사결과

No.	신장	체중	단백질	탄수화물	칼슘
1	151	48	62	269	494
2	154	44	48	196	473
3	160	48	48	191	361
4	160	52	89	230	838
5	163	58	52	203	268
6	156	58	77	279	615
7	158	62	58	247	573
8	156	52	49	196	346
9	154	45	57	351	607
10	160	55	63	207	494

기초통계량에는 '데이터를 대표하는 값'과 '데이터의 산포를 나타내는 값'이 있다.

- 데이터를 대표하는 값 $\begin{cases} 평균값 \cdot 중앙값 \cdot 최빈값 \\ 최대값 \cdot 최소값 \\ 사분위수 \end{cases}$

- 데이터의 산포를 나타내는 값 $\begin{cases} 분산 \cdot 표준편차 \\ 사분위범위 \end{cases}$

1. 평균값

평균값을 구하려면 다음의 두 가지가 있다.

1. 정의식으로부터 구하는 방법

$$평균값 \ \bar{x} = \frac{x_1 + x_2 + \cdots + x_N}{N} = \frac{\sum\limits_{i=1}^{N} x_i}{N}$$

2. Excel 함수를 이용하는 방법

$$평균값 \ \bar{x} = \text{AVERAGE}$$

여기에서는 두 가지 방법으로 평균값을 구해보자.

정의식으로부터 평균값 $\bar{x}$ 를 구하는 방법

《순서 1》 데이터 입력

다음과 같이 입력해 놓는다. 먼저 합계를 구한다. B12 셀을 클릭하고, 메뉴에서 [수식] - [f_x 함수삽입]을 선택한다.

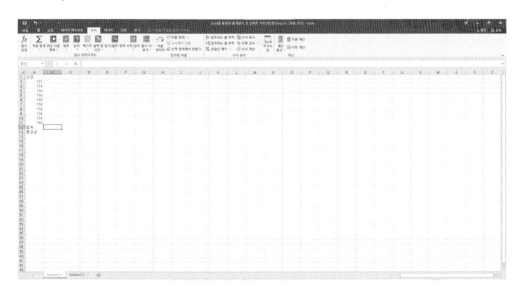

《순서 2》 함수의 선택

[수학/삼각]에서 [SUM]을 선택하고 [확인]을 클릭한다.

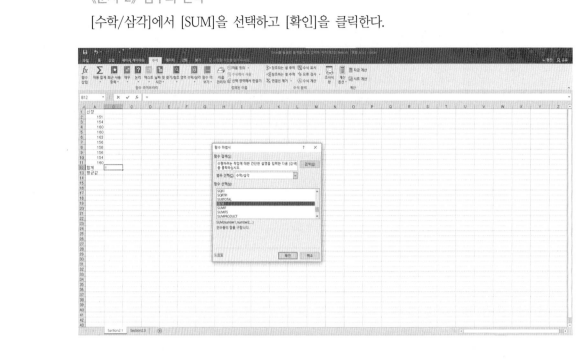

《순서 3》 범위의 입력

[함수 인수] 대화상자에서 [Number1]에 데이터의 범위 A2:A11을 키보드에서 입력해도 좋고 커서(cursor)로 드래그해도 된다. [확인]을 클릭한다.

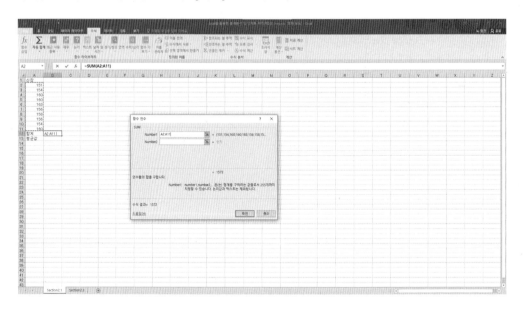

《순서 4》 결과의 출력

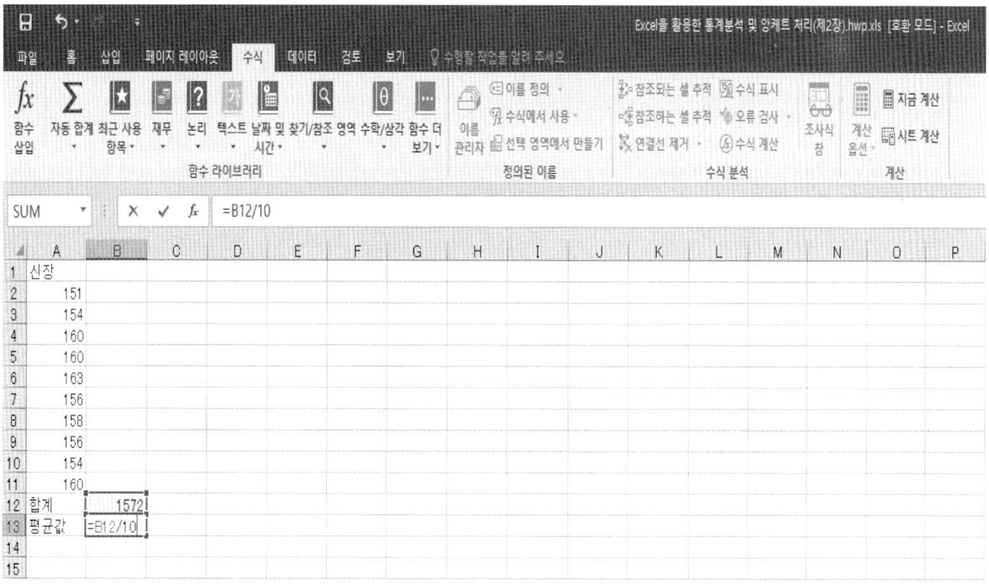

[셀의 입력내용]

B13; =B12/10

《순서 5》 계산 결과

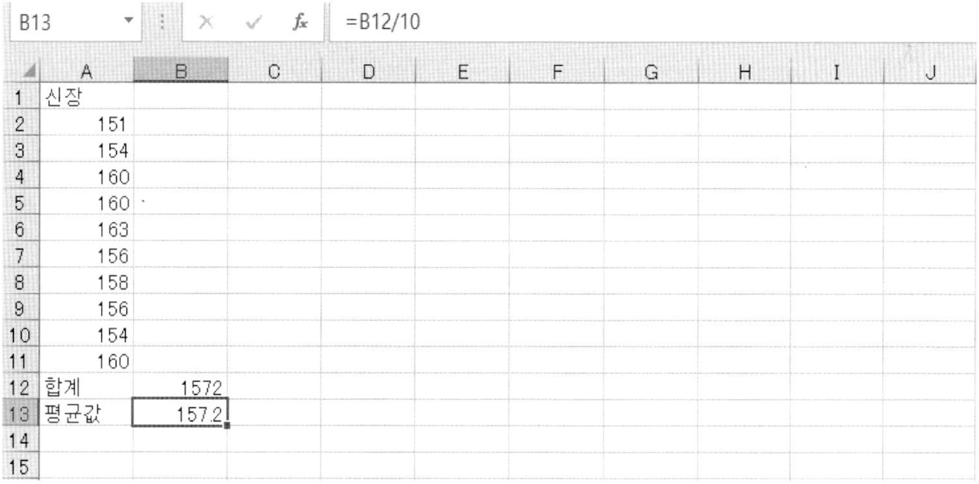

☽ Execl 함수를 이용해서 평균값 $\bar{x}$ 를 구하는 방법

《순서 1》 데이터를 입력한 다음에, 셀 B12를 지정하고 메뉴에서 [수식] - [f_x함수삽입] - [통계] - [AVERAGE]를 선택한다. [확인]을 클릭한다.

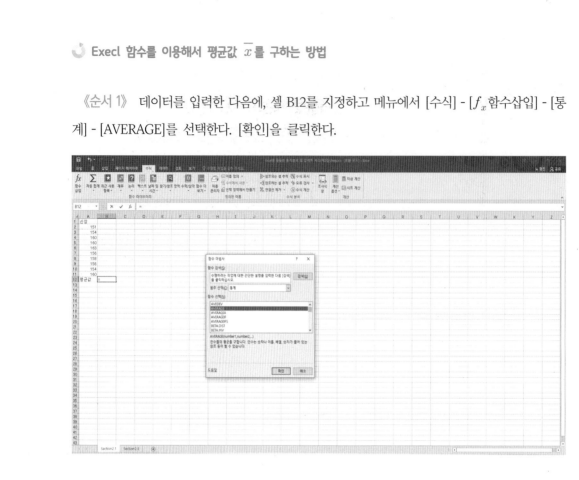

《순서 2》 데이터 범위의 지정

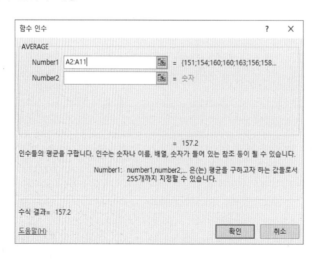

위의 화면에서 [확인]을 클릭하면 계산 결과가 출력된다.

《순서 3》계산 결과

	A	B	C	D	E	F	G	H	I	J	K	L	M	N	O	P
1	신장															
2	151															
3	154															
4	160															
5	160															
6	163															
7	156															
8	158															
9	156															
10	154															
11	160															
12	평균값	157.2														
13																
14																
15																

B12 = AVERAGE(A2:A11)

2. 분산 · 표준편차

분산이나 표준편차는 '데이터의 산포 상태'를 나타내는 값이다. 평균값 $\overline{x}$를 기준으로 취하고 그로부터 데이터가 어느 정도 산포되어 있는지를 조사해 본다고 하는 것이다.

따라서 데이터 x_i와 평균값 $\overline{x}$의 차 $x_i - \overline{x}$가 대단히 중요하다.

분산 · 표준편차를 구하는 방법은 다음의 세 가지이다.

1. 정의식으로부터 구하는 방법

$$분산\ s^2 = \frac{(x_1 - \overline{x})^2 + (x_2 - \overline{x})^2 + \cdots + (x_N - \overline{x})^2}{N-1}$$

$$표준편차\ s = \sqrt{분산}$$

2. 공식으로부터 구하는 방법

$$분산\ s^2 = \frac{N\times(x_1^2+x_2^2+\cdots+x_N^2)-(x_1+x_2+\cdots+x_N)^2}{N\times(N-1)}$$

표준편차 $s = \sqrt{분산}$

3. Excel 함수를 이용하는 방법

분산 $s^2 = $ VAR.S

표준편차 $s = $ STDEV.S

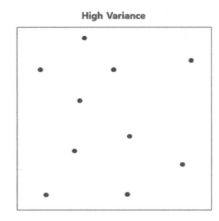
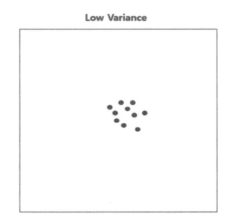

| 그림 2.1 | 분산이 큰 경우와 작은 경우의 산점도

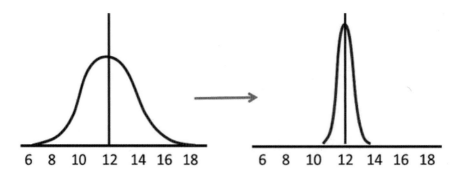

| 그림 2.2 | 분산이 큰 경우와 작은 경우의 분포

가령 품질관리의 목표는 분산을 줄여서 제품의 불량률을 낮추는 데 있다.

정의식으로부터 분산 s^2을 구하는 방법

다음의 순서로 분산 s^2을 구해보자.

《순서 1》 다음과 같이 '평균값의 차', '차의 제곱합', '분산'을 입력해 놓는다.

	A	B	C	D	E	F	G	H	I	J	K
1	신장	평균값의 차									
2	151										
3	154										
4	160										
5	160										
6	163										
7	156										
8	158										
9	156										
10	154										
11	160										
12	차의 제곱합										
13	분산										
14											
15											

《순서 2》 먼저 신장의 데이터와 평균값 $\bar{x}=157.2$와의 차를 구한다. B2 셀에 'A2-157.2'라고 입력하고 [Enter ↵] 키를 클릭한다.

AVERAGE	▾	：	✕	✓	f_x	=A2-157.2					
	A	B	C	D	E	F	G	H	I	J	K
1	신장	평균값의 차									
2	151	=A2-157.2									
3	154										
4	160										
5	160										
6	163										
7	156										
8	158										
9	156										
10	154										
11	160										
12	차의 제곱합										
13	분산										
14											
15											

《순서 3》 B2 셀을 클릭해서 B3:B11까지 자동 채우기를 한다.

B2	▾	：	✕	✓	f_x	=A2-157.2					
	A	B	C	D	E	F	G	H	I	J	K
1	신장	평균값의 차									
2	151	-6.2									
3	154	-3.2									
4	160	2.8									
5	160	2.8									
6	163	5.8									
7	156	-1.2									
8	158	0.8									
9	156	-1.2									
10	154	-3.2									
11	160	2.8									
12	차의 제곱합										
13	분산										
14											
15											

《순서 4》 다음에 '차의 제곱합'을 계산한다. B12를 클릭하고, 메뉴에서 [수식] - [f_x 함수삽입] - [수학/삼각] - [SUMSQ]를 선택한다. [확인]을 클릭한다.

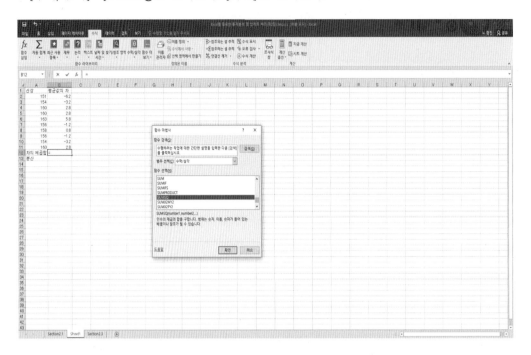

《순서 5》 첫 번째 난에 B2:B11범위가 입력되어 있다. [확인]을 클릭한다.

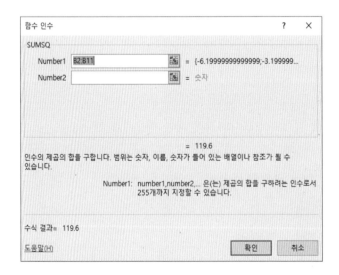

그러면 '차의 제곱합'이 구해진다.

B12			fx	=SUMSQ(B2:B11)						
	A	B	C	D	E	F	G	H	I	J	K
1	신장	평균값의 차									
2	151	-6.2									
3	154	-3.2									
4	160	2.8									
5	160	2.8									
6	163	5.8									
7	156	-1.2									
8	158	0.8									
9	156	-1.2									
10	154	-3.2									
11	160	2.8									
12	차의 제곱합	119.6									
13	분산										
14											
15											

《순서 6》 다음은 이 값을 '9(=10 - 1)'로 나누면 분산 s^2이 구해진다.

공식으로부터 분산 s^2을 구하는 방법

다음의 순서로 분산 s^2을 구해보자.

《순서 1》 다음과 같이 '합계', '제곱합', '분산'을 입력해 놓는다. 먼저 합계를 구하기 위해서 D2 셀에 '=SUM(A2:A11)'라고 입력하고 Enter↵ 키를 클릭한다.

전술한 바와 같이 분산의 공식은

$$분산\ s^2 = \frac{N \times (x_1^2 + x_2^2 + \cdots + x_N^2) - (x_1 + x_2 + \cdots + x_N)^2}{N \times (N-1)}$$

$$= \frac{N \times \left(\sum_{i=1}^{N} x_i^2\right) - \left(\sum_{i=1}^{N} x_i\right)^2}{N \times (N-1)}$$

D2			fx	=SUM(A2:A11)						
	A	B	C	D	E	F	G	H	I	J	K
1	신장										
2	151		합계	1572							
3	154										
4	160		제곱합								
5	160										
6	163		분산								
7	156										
8	158										
9	156										
10	154										
11	160										
12											
13											

《순서 2》 먼저 D4 셀을 클릭하고, 메뉴에서 [수식] - [f_x 함수삽입] - [수학/삼각] - [SUMSQ]를 선택하고 [확인]을 클릭한다.

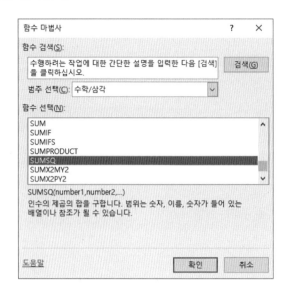

Excel을 활용한 통계분석

《순서 3》 그러면 D4셀의 값이 247238이 된다. 그리고 D6셀의 안에

'=(10*D4 - D2^2)/(10*(10 - 1))'

라고 입력하고 Enter↵ 키를 클릭하면, 분산 s^2이 구해진다.

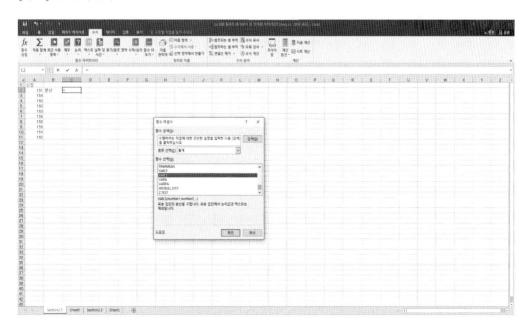

💭 **Excel 함수를 이용해서 분산 s^2을 구하는 방법**

《순서 1》 C2 셀을 클릭하고, 메뉴에서 [수식] - [f_x 함수삽입] - [통계] - [VAR.S]를 선택하고 [확인]을 클릭한다.

《순서 2》 그러면 다음의 화면이 되므로, 'A2:A11'라고 입력하고 [확인]을 클릭!

C2셀에 분산 $s^2 = 13.28889$가 구해진다.

Excel 함수를 이용하면
간단하잖아!!

3. 분석 도구의 이용법

《순서 1》 다음과 같이 데이터를 입력한다.

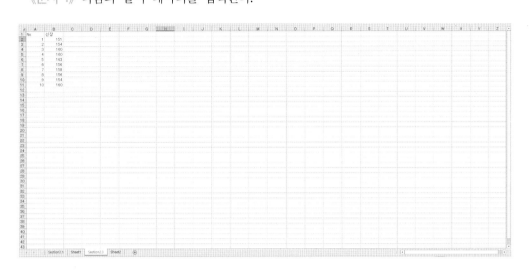

《순서 2》 메뉴에서 [데이터] - [데이터 분석] - [기술통계]를 선택하고 [확인]을 클릭한다.

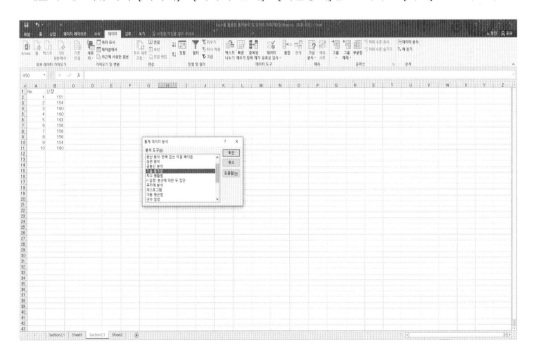

《순서 3》 다음 화면에서 [입력 범위]에 데이터의 범위를 지정하고, [첫째 행 이름표 사용]과 [요약 통계량]에 체크한다. [출력 범위]를 'E1'이라고 입력하고 [확인]을 클릭한다.

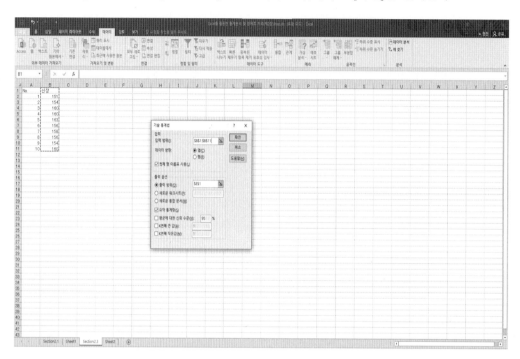

《순서 4》 출력 결과

	A	B	C	D	E	F	G	H	I	J	K	L
1	No.	신장				신장						
2	1	151										
3	2	154			평균	157.2						
4	3	160			표준 오차	1.152774						
5	4	160			중앙값	157						
6	5	163			최빈값	160						
7	6	156			표준 편차	3.645393						
8	7	158			분산	13.28889						
9	8	156			첨도	-0.62175						
10	9	154			왜도	-0.13143						
11	10	160			범위	12						
12					최소값	151						
13					최대값	163						
14					합	1572						
15					관측수	10						
16												
17												
18												

위와 같이 출력된다. 지금까지 구한 모든 수치와 일치하고 있다. 분석 도구는 정말 편리하다는 것을 알 수 있다.

'분석 도구'를 설치하는 방법은 [파일] - [옵션] - [추가기능] - [이동]을 선택하고, [추가기능] 대화상자에서 아래와 같이 체크하고 [확인]을 클릭하면 된다.

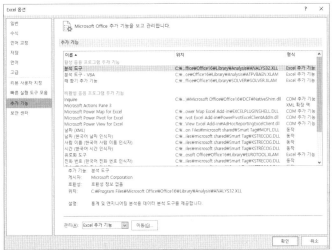

2변수의 그래프 표현과 통계량

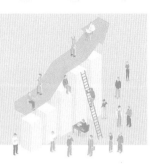

Chapter 03
2변수의 그래프 표현과 통계량

다음의 데이터는 임산부의 수진율(受診率)과 신생아의 사망률에 대해서 조사한 것이다.

| 표 3.1 |

지역명	수진율	사망률
A	1.54	4.26
B	2.18	5.35
C	9.59	3.68
D	5.16	4.72
E	7.39	3.46
F	2.08	3.91
G	4.64	3.85
H	3.81	5.02
I	2.38	4.36
J	9.07	4.15
K	3.74	5.79
L	1.28	5.63

두 개의 변수 사이의 관계를 조사하는 통계수법에

• 그래프 표현인 산점도

• 기초통계량의 상관계수

가 있다.

두 개의 변수 사이의 관계를 시각적으로 파악하려면, 이 산점도가 최적이다.

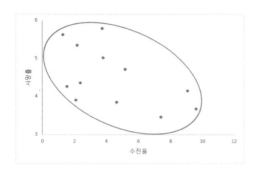

| 그림 3.1 | **산점도**

상관계수는 두 변수 사이의 관계를 수치로 나타내는 수법이다.

산점도와 상관계수 r의 사이에는 다음과 같은 관계가 있다.

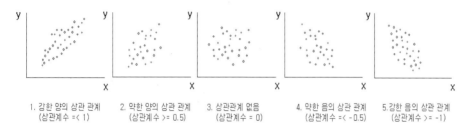

1. 강한 양의 상관 관계   2. 약한 양의 상관 관계   3. 상관관계 없음   4. 약한 음의 상관 관계   5. 강한 음의 상관 관계
(상관계수 =< 1)   (상관계수 >= 0.5)   (상관계수 = 0)   (상관계수 =< - 0.5)   (상관계수 >= -1)

| 그림 3.2 | **산점도와 상관계수**

1. 산점도 작성

다음의 순서로 산점도를 그린다.

《순서 1》 데이터 입력

다음과 같이 입력해 놓는다. 먼저 산점도에서 사용할 데이터의 범위를 드래그하고, 메뉴에서
[삽입] - [분산형]으로부터 첫 번째 타입을 선택한다.

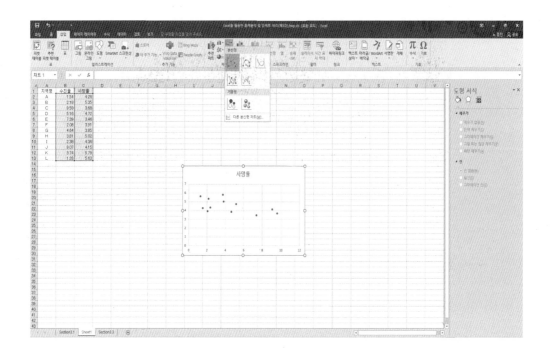

《순서 2》 산점도의 출력

산점도가 그려졌지만 좀 더 보기 쉽게 수정한다.

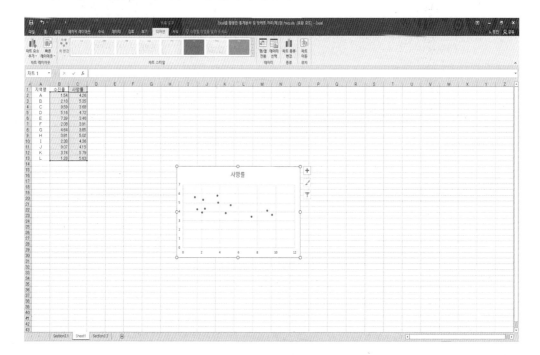

《순서 3》 산점도의 수정

차트 오른쪽의 [차트 요소] 등 수정 도구를 이용해서 축 제목, 차트 제목 등을 입력한다.

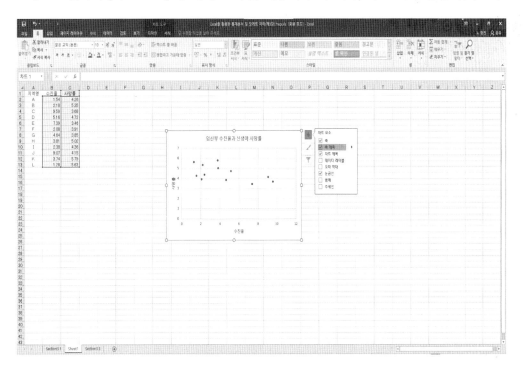

점의 분포가 약간 오른쪽으로 내려가기 때문에 마이너스의 상관이 있어 보인다.

《순서 4》 산점도의 완성

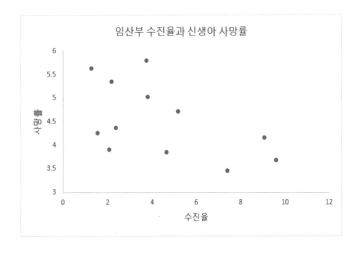

2. 상관계수

상관계수 r을 구하는 방법에는 다음의 세 가지가 있다.

> **Hint**
>
> 상관계수(相關係數, correlation coefficient)는 두 변수 사이의 통계적 관계를 표현하기 위해 특정한 상관 관계의 정도를 수치적으로 나타낸 계수이다. 여러 유형의 상관계수가 존재하지만 제각기 자신들만의 정의와 특징이 있다. 이들은 모두 값의 범위가 -1에서 +1 사이에 속하며 여기서 ±1은 정도가 가장 센 잠재적 일치를 나타내고 0은 정도가 가장 센 불일치를 나타낸다.

1. 정의식으로부터 구하는 방법

$$\text{상관계수 } r = \frac{(x_1 - \overline{x}) \times (y_1 - \overline{y}) + \cdots + (x_N - \overline{x}) \times (y_N - \overline{y})}{\sqrt{(x_1 - \overline{x})^2 + \cdots + (x_N - \overline{x})^2} \times \sqrt{(y_1 - \overline{y})^2 + \cdots + (y_N - \overline{y})^2}}$$

2. 공식으로부터 구하는 방법

$$\text{상관계수 } r = \frac{N \times \left(\sum_{i=1}^{N} x_i^2 \times y_i \right) - \left(\sum_{i=1}^{N} x_i \right) \times \left(\sum_{i=1}^{N} y_i \right)}{\sqrt{N \times \left(\sum_{i=1}^{N} x_i^2 \right) - \left(\sum_{i=1}^{N} x_i \right)^2} \times \sqrt{N \times \left(\sum_{i=1}^{N} y_i^2 \right) - \left(\sum_{i=1}^{N} y_i \right)^2}}$$

3. Excel 함수를 이용하는 방법

🌀 **정의식으로부터 상관계수 r을 구하는 방법**

《순서 1》 먼저 두 개의 변수에 대한 평균값 $\overline{x}$, $\overline{y}$를 구한다.

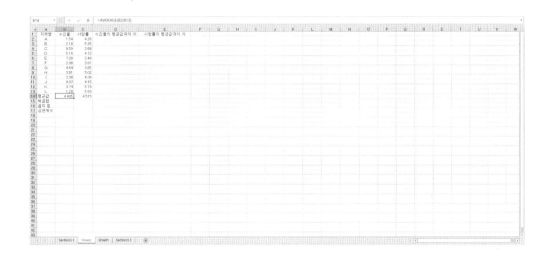

《순서 2》 다음에 평균값과의 차를 구한다.

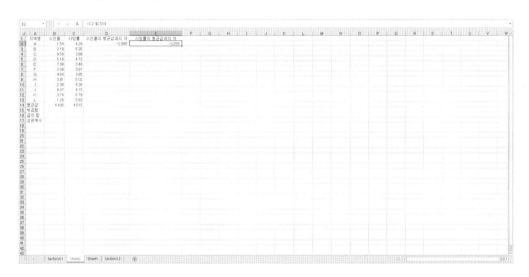

[셀의 입력내용]

D2; =B2 - $B$14

E2; =C2 - $C$14

 Hint

수식 내의 셀 주소를 상대참조, 절대참조, 혼합참조로 변경하기 위해서는 수식입력줄의 A1이라고 표시
된 부분의 중간에 커서를 둔 상태에서 F4 키(참조방식 변경키)를 눌러서 참조방법을 변경할 수 있다.

《순서 3》 D2:E2 범위를 지정해서 D13:E13 범위까지 자동 채우기한다.

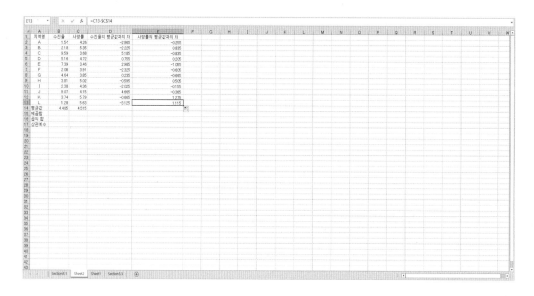

《순서 4》 다음에 D2:D13 범위의 제곱합을 구해서 D15에, E2:E13 범위의 제곱합을 구해서 E15에 입력한다.

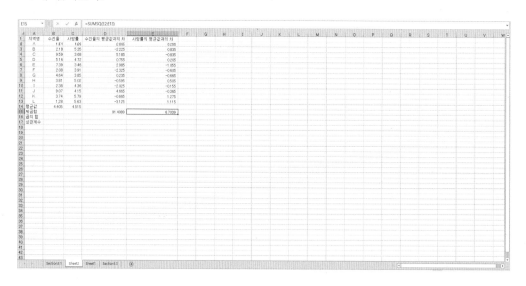

[셀의 입력내용]
D15; =SUMSQ(D2:D13)
E15; =SUMSQ(E2:E13)

《순서 5》 다음에 B16을 클릭해서 D열과 E열의 곱의 합을 구한다.

메뉴에서 [수식] - [f_x 함수삽입] - [수학/삼각] - [SUMPRODUCT]를 선택하고 [확인]을 클릭한다.

$$\text{SUMPRODUCT} = \text{곱의 합} = \sum_{i=1}^{N}(x_i \times y_i)$$

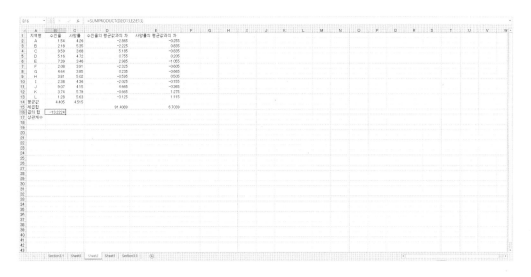

《순서 6》 B17의 셀에 '=B16/SQRT(D15*E15)'를 입력하고 Enter↵ 키를 클릭한다.

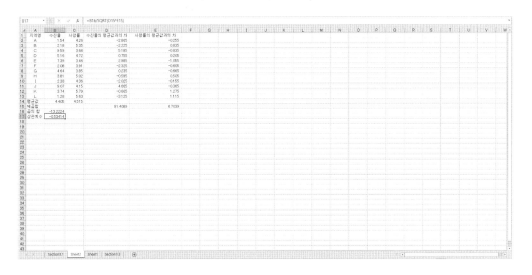

이것이 상관계수 r이다. $r < 0$이므로 마이너스 상관이다.

공식으로부터 상관계수 r을 구하는 방법

다음의 순서로 상관계수 r을 구한다.

《순서 1》 데이터와 합계, 제곱합, 곱의 합, 상관계수를 입력해 놓는다. B14 셀을 클릭하고, 메뉴에서 [수식] - [Σ자동 합계]를 더블클릭한다. 그러면 B2:B13 범위의 합계가 구해진다. 마찬가지로 C14 셀에 C2:C13 범위의 합계를 구한다.

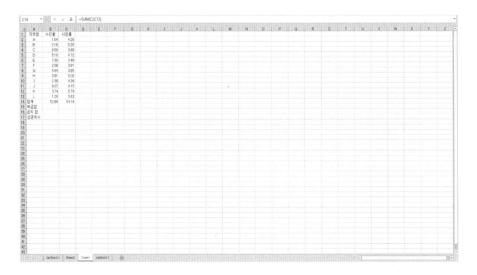

《순서 2》 다음에 B15 셀을 클릭하고, [수식] - [f_x 함수삽입] - [수학/삼각] - [SUMSQ]를 선택하고 [확인]을 클릭한다.

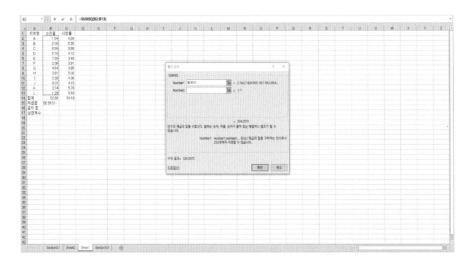

[셀의 입력내용]

B15; =SUMSQ(B2:B13)

《순서 3》 다음에 C15 셀을 클릭하고, [f_x 함수삽입] - [수학/삼각] - [SUMSQ]를 선택하고 [확인]을 클릭한다.

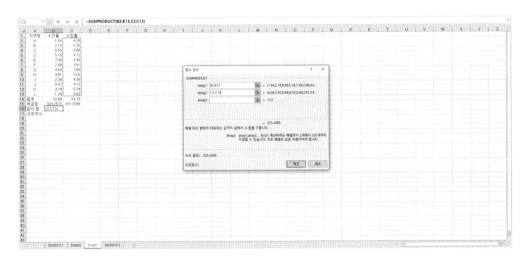

《순서 4》 B16 셀을 클릭하고, [f_x 함수삽입] - [수학/삼각] - [SUMPRODUCT]를 선택하고 [확인]을 클릭한다.

[셀의 입력내용]

B15; =SUMPRODUCT(B2:B13,C2:C13)

《순서 5》 여러 가지 합계가 구해졌다. 마지막으로 B17 셀을 클릭하고, 다음의 식
    =(12*B16 - B14*C14)/SQRT((12*B15 - B14^2)*(12*C15 - C14^2))
을 입력한다.

$$
\text{상관계수 } r = \frac{N \times \left(\sum_{i=1}^{N} x_i^2 \times y_i\right) - \left(\sum_{i=1}^{N} x_i\right) \times \left(\sum_{i=1}^{N} y_i\right)}{\sqrt{N \times \left(\sum_{i=1}^{N} x_i^2\right) - \left(\sum_{i=1}^{N} x_i\right)^2} \times \sqrt{N \times \left(\sum_{i=1}^{N} y_i^2\right) - \left(\sum_{i=1}^{N} y_i\right)^2}}
$$

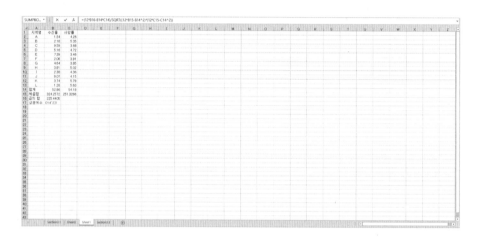

[셀의 입력내용]

B17; =(12*B16 - B14*C14)/SQRT((12*B15 - B14^2)*(12*C15 - C14^2))

그러면 상관계수 r이 구해진다. 정의식으로부터 구한 값과 일치한다.

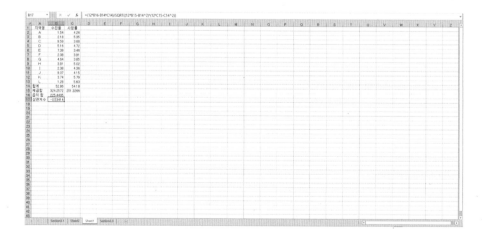

Excel 함수로부터 상관계수 r을 구하는 방법

다음의 순서로 상관계수 r을 구한다.

《순서 1》 B15셀을 클릭해 놓는다.

메뉴에서 [수식] - [f_x 함수삽입] - [통계] - [CORREL]을 선택하고 [확인] 버튼을 클릭한다.

《순서 2》 다음과 같이 입력하고 [확인]을 클릭한다.

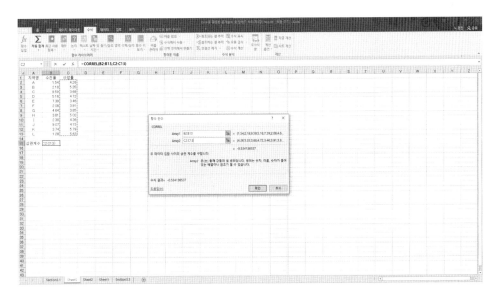

그러면 B15 셀의 값이 -0.53414가 된다.

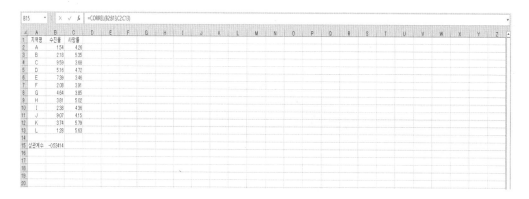

3. 분석 도구를 이용한 상관계수

《순서 1》 다음과 같이 데이터를 입력한다.

	A	B	C	D	E	F	G	H	I	J	K
1	No.	수진율	사망률								
2	1	1.54	4.26								
3	2	2.18	5.35								
4	3	9.59	3.68								
5	4	5.16	4.72								
6	5	7.39	3.46								
7	6	2.08	3.91								
8	7	4.64	3.85								
9	8	3.81	5.02								
10	9	2.38	4.36								
11	10	9.07	4.15								
12	11	3.74	5.79								
13	12	1.28	5.63								
14											
15											

《순서 2》 메뉴에서 [데이터] - [데이터 분석]을 선택한다. [분석 도구] 중에서 [상관분석]을 선택하고 [확인]을 클릭한다.

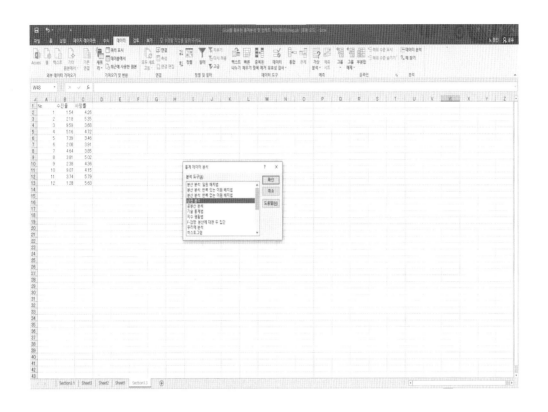

《순서 3》 다음 화면에서 [입력 범위], [출력 범위] 등을 다음과 같이 지정하고, 확인]을 클릭한다.

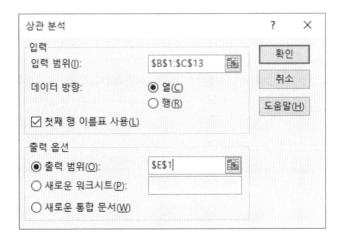

《순서 4》 다음과 같이 상관행렬이 출력된다. 앞에서 구한 값과 일치한다.

▲	A	B	C	D	E	F	G	H	I	J	K
1	No.	수진율	사망률			수진율	사망률				
2	1	1.54	4.26		수진율	1					
3	2	2.18	5.35		사망률	-0.53414	1				
4	3	9.59	3.68								
5	4	5.16	4.72								
6	5	7.39	3.46								
7	6	2.08	3.91								
8	7	4.64	3.85								
9	8	3.81	5.02								
10	9	2.38	4.36								
11	10	9.07	4.15								
12	11	3.74	5.79								
13	12	1.28	5.63								
14											
15											

x와 x의 상관계수는 1이 된다.

$$r = \frac{(x_1 - \overline{x}) \times (y_1 - \overline{y}) + \cdots + (x_N - \overline{x}) \times (y_N - \overline{y})}{\sqrt{(x_1 - \overline{x})^2 + \cdots + (x_N - \overline{x})^2} \times \sqrt{(y_1 - \overline{y})^2 + \cdots + (y_N - \overline{y})^2}} = 1$$

🌏Hint

상관분석(correlation analysis) 또는 상관관계 또는 상관은 확률론과 통계학에서 두 변수 간에 어떤 선형적 또는 비선형적 관계를 갖고 있는지를 분석하는 방법이다. 두 변수는 서로 독립적인 관계이거나 상관된 관계일 수 있으며 이때 두 변수 간의 관계의 강도를 상관관계라고 한다. 상관분석에서는 상관관계의 정도를 나타내는 단위로 모상관계수로 ρ를 사용하며 표본상관계수로 r을 사용한다.

상관관계의 정도를 파악하는 상관계수(correlation coefficient)는 두 변수 간의 연관된 정도를 나타낼 뿐 인과관계를 설명하는 것은 아니다. 두 변수 간에 원인과 결과의 인과관계가 있는지에 대한 것은 회귀분석을 통해 인과관계의 방향, 정도와 수학적 모델을 확인해 볼 수 있다.

Excel을 활용한
통계분석

Chapter 04

회귀분석과 예측

Chapter 04

회귀분석과 예측

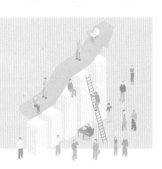

다음의 데이터는 일류기업 10개 회사에 대한 선전광고비와 매상고를 조사한 결과이다.

| 표 4.1 | 기업의 전략

No.	선전광고비(x)	매상고(y)
1	107	286
2	336	851
3	233	589
4	82	389
5	61	158
6	378	1037
7	129	463
8	313	563
9	142	372
10	428	1020

두 변수 사이의 관계를 1차식 $Y = a + bx$의 형태로 구해보자.

이 1차식 $Y = a + bx$가 구해지면, x의 값으로부터 y의 값을 예측할 수 있다. 이 식을 회귀직선이라고 한다.

x를 독립변수, y를 종속변수라고 한다.

그런데 산점도와 1차식 $Y = a + bx$의 관계는 [그림 4.1]과 같이 된다.

통계학에서 회귀분석(regression analysis)은 관찰된 연속형 변수들에 대해 두 변수 사이의 모형을 구한 뒤 적합도를 측정해 내는 분석 방법이다.

회귀분석은 시간에 따라 변화하는 데이터나 어떤 영향, 가설적 실험, 인과관계의 모델링 등의 통계적 예측에 이용될 수 있다. 그러나 많은 경우 가정이 맞는지 아닌지 적절하게 밝혀지지 않은 채로 이용되어 그 결과가 오용되는 경우도 있다. 특히 통계 소프트웨어의 발달로 분석이 용이해져서 결과를 쉽게 얻을 수 있지만 분석 방법의 선택이 적절했는지 또한 정보 분석이 정확한지 판단하는 것은 전적으로 연구자에 달려 있다.

1. 회귀직선 구하기

산점도와 회귀직선 $Y = a + bx$를 동시에 그리면 다음과 같다.

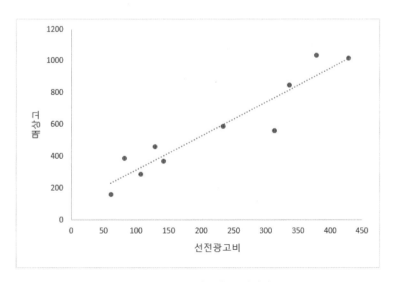

| 그림 4.1 | **산점도와 회귀직선**

회귀직선 $Y = a + bx$를 구하는 방법은 다음의 두 가지가 있다.

1. 공식을 이용해서 구하는 방법

$$\text{기울기} \quad b = \frac{N \times \left(\sum_{i=1}^{N} x_i \times y_i\right) - \left(\sum_{i=1}^{N} x_i\right) \times \left(\sum_{i=1}^{N} y_i\right)}{N \times \left(\sum_{i=1}^{N} x_i^2\right) - \left(\sum_{i=1}^{N} x_i\right)^2}$$

$$\text{절편} \quad a = \frac{\left(\sum_{i=1}^{N} x_i^2\right) \times \left(\sum_{i=1}^{N} y_i\right) - \left(\sum_{i=1}^{N} x_i \times y_i\right) \times \left(\sum_{i=1}^{N} x_i\right)}{N \times \left(\sum_{i=1}^{N} x_i^2\right) - \left(\sum_{i=1}^{N} x_i\right)^2}$$

2. Excel 함수를 이용해서 구하는 방법

직선의 기울기 b = SLOPE

직선의 절편 a = INTERCEPT

공식을 이용해서 회귀직선을 구하는 방법

《순서 1》 데이터 입력

데이터를 입력하면 다음과 같이 입력하고 Enter↵ 키를 클릭한다.

E2 셀에 = SUM(A2:A11)

E3 셀에 = SUM(B2:B11)

	E3		× ✓ fx	=SUM(B2:B11)						
	A	B	C	D	E	F	G	H	I	J	K
1	선전광고비	매상고								
2	107	286		광고비 합계	2209					
3	336	851		매상고 합계	5728					
4	233	589								
5	82	389		제곱합						
6	61	158		곱의 합						
7	378	1037								
8	129	463		기울기						
9	313	563		절편						
10	142	372								
11	428	1020								
12										
13										

《순서 2》 다음에 E5 셀을 클릭한다.

메뉴에서 [수식] - [f_x 함수삽입] - [수학/삼각] - [SUMSQ]를 선택하고 [확인]을 클릭한다.

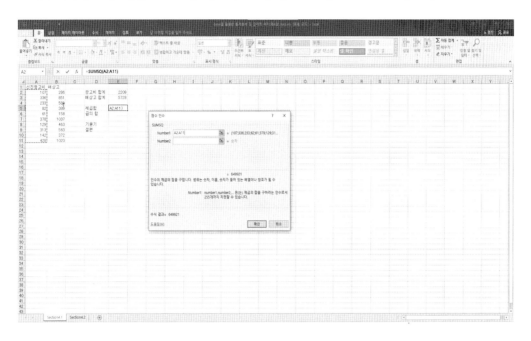

다음과 같이 제곱합이 구해진다. 즉, 제곱합 $\sum_{i=1}^{n} x_i^2 = 649921$

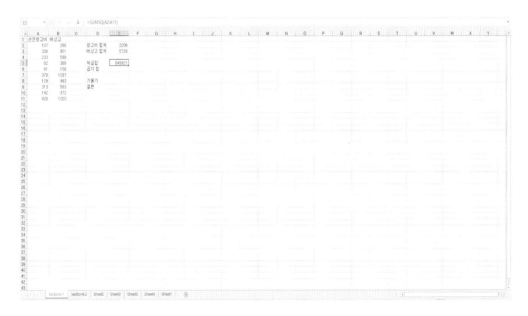

《순서 3》 이어서 E6 셀을 클릭한다.

메뉴에서 [수식] - [f_x 함수삽입] - [수학/삼각] - [SUMPRODUCT]를 선택하고 [확인]을 클릭한다.

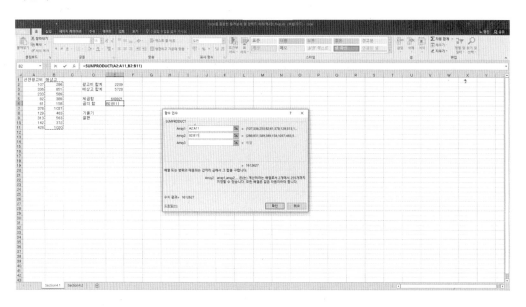

그러면 곱의 합이 구해진다. 즉, $\sum_{i=1}^{N} x_i \times y_i = 1612627$

	A	B	C	D	E	F	G	H	I	J	K
1	선전광고비	매상고									
2	107	286		광고비 합계	2209						
3	336	851		매상고 합계	5728						
4	233	589									
5	82	389		제곱합	649921						
6	61	158		곱의 합	1612627						
7	378	1037									
8	129	463		기울기							
9	313	563		절편							
10	142	372									
11	428	1020									
12											
13											

《순서 4》 회귀직선의 기울기 b를 구한다.

E8의 셀에 = (10*E6 - E2*E3)/(10*E5 - E2^2)

라고 입력하고 Enter↵ 키를 클릭한다.

$$b = \frac{N \times \left(\sum_{i=1}^{N} x_i \times y_i\right) - \left(\sum_{i=1}^{N} x_i\right) \times \left(\sum_{i=1}^{N} y_i\right)}{N \times \left(\sum_{i=1}^{N} x_i^2\right) - \left(\sum_{i=1}^{N} x_i\right)^2}$$

E8	▾	:	×	✓	f_x	=(10*E6-E2*E3)/(10*E5-E2^2)					
▲	A	B	C	D	E	F	G	H	I	J	K
1	선전광고비	매상고									
2	107	286		광고비 합계	2209						
3	336	851		매상고 합계	5728						
4	233	589									
5	82	389		제곱합	649921						
6	61	158		곱의 합	1612627						
7	378	1037									
8	129	463		기울기	2.144524						
9	313	563		절편							
10	142	372									
11	428	1020									
12											
13											

《순서 5》 회귀직선의 절편 a를 구한다.

E9셀에　=(E5*E3 - E6*E2)/(10*E5 - E2^2)

라고 입력하고 Enter↵ 키를 클릭한다.

$$a = \frac{\left(\sum_{i=1}^{N} x_i^2\right) \times \left(\sum_{i=1}^{N} y_i\right) - \left(\sum_{i=1}^{N} x_i \times y_i\right) \times \left(\sum_{i=1}^{N} x_i\right)}{N \times \left(\sum_{i=1}^{N} x_i^2\right) - \left(\sum_{i=1}^{N} x_i\right)^2}$$

E9	▾	:	×	✓	f_x	=(E5*E3-E6*E2)/(10*E5-E2^2)					
▲	A	B	C	D	E	F	G	H	I	J	K
1	선전광고비	매상고									
2	107	286		광고비 합계	2209						
3	336	851		매상고 합계	5728						
4	233	589									
5	82	389		제곱합	649921						
6	61	158		곱의 합	1612627						
7	378	1037									
8	129	463		기울기	2.144524						
9	313	563		절편	99.07476						
10	142	372									
11	428	1020									
12											
13											

따라서 구하는 회귀직선의 식은

$$Y=99.075+2.144 \times x$$

이 된다.

Excel 함수를 이용해서 회귀직선을 구하는 방법

《순서 1》 데이터 입력

다음과 같이 데이터를 입력해 놓는다. 그리고 E2 셀을 클릭한다.

이어서 [수식] - [f_x 함수삽입] - [통계] - [SLOPE]를 선택하고 [확인]을 클릭한다.

여기에서 SLOPE는 기울기를 가리킨다.

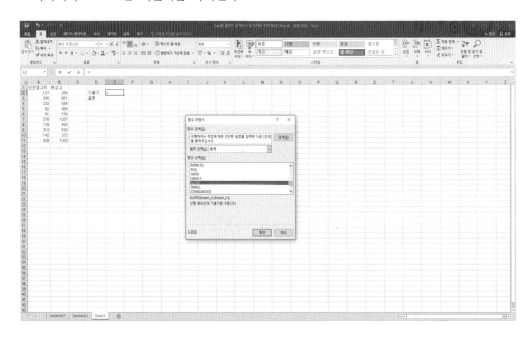

Hint

SLOPE(known_y's, known_x's)

SLOPE 함수 구문에는 다음과 같은 인수가 사용된다.

- known_y's 필수 요소이다. 종속 데이터 요소의 셀 배열 또는 범위이다.
- known_x's 필수 요소이다. 독립 데이터 요소의 집합이다.

known_y's와 known_x's 사이의 데이터 요소에 대한 선형 회귀선의 기울기를 반환한다. 기울기는 선의 두 점 사이의 수직 거리를 수평 거리로 나눈 회귀선의 변화율이다.

《순서 2》 다음과 같이 입력하고 [확인]을 클릭한다.

그러면 E2 셀에 기울기 $b = 2.144524$가 구해진다.

	A	B	C	D	E	F	G	H	I	J	K
1	선전광고비	매상고									
2	107	286		기울기	2.144524						
3	336	851		절편							
4	233	589									
5	82	389									
6	61	158									
7	378	1037									
8	129	463									
9	313	563									
10	142	372									
11	428	1020									
12											
13											

Hint

SLOPE(known_y's, known_x's)
SLOPE 함수 구문에는 다음과 같은 인수가 사용된다.

- 인수는 숫자이거나 숫자가 포함된 이름, 배열 또는 참조여야 한다.
- 배열 또는 참조 인수에 텍스트, 논리값 또는 빈 셀이 있는 경우 이러한 값은 포함되지 않지만 값이 0인 셀은 포함된다.
- known_y's와 known_x's가 비어 있거나 데이터 개수가 다르면 SLOPE에서는 #N/A 오류 값이 반환된다.

《순서 3》 E3 셀을 클릭한다. [수식] - [f_x 함수삽입] - [통계] - [INTERCEPT]를 선택하고 [확인]을 클릭한다.

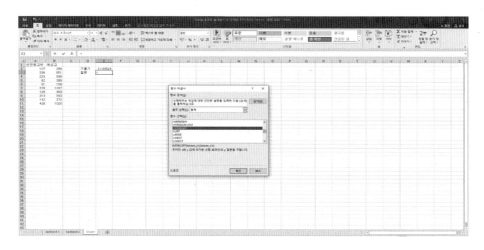

《순서 4》 다음과 같이 입력하고 [확인]을 클릭한다.

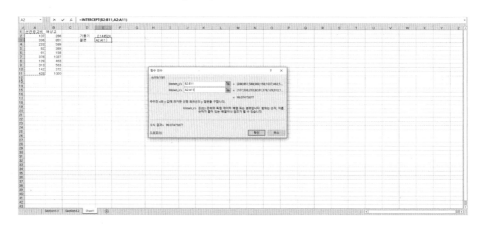

그러면 E3 셀에 절편 $a = 99.07476$이 구해진다.

	A	B	C	D	E	F	G	H	I	J	K
1	선전광고비	매상고									
2	107	286		기울기	2.144524						
3	336	851		절편	99.07476						
4	233	589									
5	82	389									
6	61	158									
7	378	1037									
8	129	463									
9	313	563									
10	142	372									
11	428	1020									
12											
13											

따라서 구하는 회귀직선의 식은

$$Y=99.075+2.144 \times x$$

가 된다는 것을 알았다. 여기에서 Y의 값을 예측할 때는 x에 값을 대입한다.

2. 분석 도구의 이용법

《순서 1》데이터 입력

다음과 같이 데이터를 입력한다.

	A	B	C	D	E	F	G	H	I	J	K
1	No.	선전광고비	매상고								
2	1	107	286								
3	2	336	851								
4	3	233	589								
5	4	82	389								
6	5	61	158								
7	6	378	1037								
8	7	129	463								
9	8	313	563								
10	9	142	372								
11	10	428	1020								
12											
13											

《순서 2》분석 도구의 호출

메뉴에서 [데이터] - [데이터 분석]을 선택하고, [분석 도구] 중 [회귀분석]을 클릭한다. [확인]을 클릭한다.

《순서 3》 다음의 화면이 나타나면,

[Y축 입력 범위]에 매상고의 데이터 입력.

[X축 입력 범위]에 선전광고비의 데이터 입력.

[이름표]에 체크.

[출력 범위]를 데이터가 있는 시트의 E1을 지정하고 [확인]을 클릭한다.

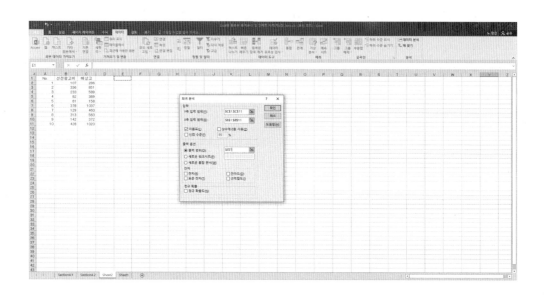

《순서 4》 분석 결과의 출력

	A	B	C	D	E	F	G	H	I	J	K	L	M
1	No.	선전광고비	매상고		요약 출력								
2	1	107	286										
3	2	336	851		회귀분석 통계량								
4	3	233	589		다중 상관계수	0.945195							
5	4	82	389		결정계수	0.893394							
6	5	61	158		조정된 결정계수	0.880068							
7	6	378	1037		표준 오차	105.4024							
8	7	129	463		관측수	10							
9	8	313	563										
10	9	142	372		분산 분석								
11	10	428	1020			자유도	제곱합	제곱 평균	F 비	유의한 F			
12					회귀	1	744818.3	744818.3	67.0424	3.69E-05			
13					잔차	8	88877.28	11109.66					
14					계	9	833695.6						
15													
16						계수	표준 오차	t 통계량	P-값	하위 95%	상위 95%	하위 95.0%	상위 95.0%
17					Y 절편	99.07476	66.77076	1.483805	0.176154	-54.8989	253.0484	-54.8989	253.0484
18					선전광고비	2.144524	0.261912	8.187942	3.69E-05	1.540552	2.748495	1.540552	2.748495
19													
20													
21													

따라서 구하는 회귀직선의 식은

$$Y = 99.075 + 2.144 \times x$$

가 된다는 것을 알았다. 앞에서 구한 수치와 일치하고 있음을 알 수 있다.

3. 다중회귀분석

다음의 데이터는 어떤 제품의 중량 y(단위 : mg)와 그 제품을 제조할 때의 조건 x_1(열처리 A 시간 : 초), x_2(건조시간 B : 초), x_3(열처리 B 시간 : 초), x_4(폭 치수 : mm)를 30개의 제품을 무작위로 추출해서 조사한 결과이다.

이 데이터를 이용해서 제조할 때의 조건 x_1, x_2, x_3, x_4에서 제품의 중량 y를 예측하는 식을 만들어 보자. 구체적으로는,

$$y = b_0 + b_1 x_1 + b_2 x_2 + b_3 x_3 + b_4 x_4$$

라고 하는 회귀식을 구하고 싶다.

이것은 설명변수(독립변수)가 두 개 이상 있는 경우이므로, 다중회귀분석 또는 중회귀분석을 적용하는 문제가 된다.

| 표 4.2 | 데이터표

번호	x1	x2	x3	x4	y
1	15	105	35	216	55
2	10	99	37	220	51
3	9	75	31	185	47
4	10	103	42	215	52
5	11	102	52	182	55
6	9	87	55	212	48
7	10	95	35	180	53
8	15	111	40	203	67
9	12	110	38	198	57
10	9	105	42	183	50
11	12	132	46	214	59
12	14	135	48	223	75
13	13	130	47	226	62
14	11	122	45	186	56
15	13	125	49	215	73
16	12	96	41	201	60
17	15	105	50	203	88
18	16	115	44	236	74
19	17	98	45	184	80
20	18	109	46	237	80
21	16	103	44	224	79
22	15	100	43	220	68
23	15	101	43	197	72
24	18	114	50	195	89
25	19	120	55	224	90
26	20	121	56	221	95
27	8	115	50	195	45
28	11	124	40	231	66
29	18	118	39	186	65
30	12	104	35	197	62

다중회귀분석은 종속변수가 1개로 같지만 독립변수가 2개 이상인 것을 의미한다. 변수의 수 및 종류에 따라 표현한 것으로 독립변수가 한 개인 것을 단순회귀분석, 독립변수가 두 개 이상인 것을 다중회귀분석이라 한다. 상관분석은 두 변수 사이의 원인과 결과가 아닌 서로 상관적 영향이 있는지를 분석하는 것이고, 회귀분석은 인관관계로서 독립변수가 종속변수에 얼마만큼 영향을 주는지를 분석하는 것이다. 독립변수는 영향을 미치는 변수 즉, 원인변수이며, 종속변수는 영향을 받는 변수 즉, 결과 변수이다.

분석 방법은 설명변수가 한 개인 단순회귀분석에서와 마찬가지이다.

《순서 1》 데이터 입력

다음과 같이 데이터를 입력한다.

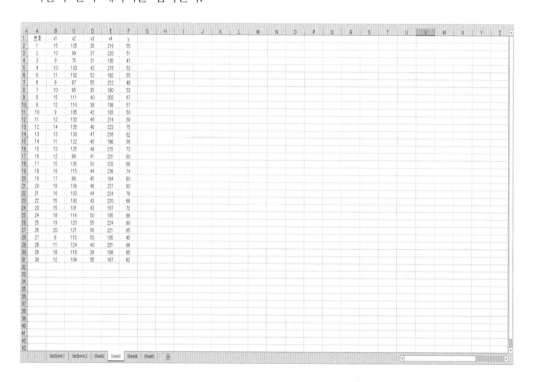

번호	x1	x2	x3	x4	y
1	15	105	35	216	55
2	10	99	37	220	51
3	9	75	31	185	47
4	10	103	42	215	52
5	11	102	52	182	55
6	9	87	55	212	48
7	10	95	35	180	53
8	15	111	40	203	67
9	12	110	38	198	57
10	9	105	42	183	50
11	12	132	46	214	59
12	14	135	48	223	75
13	13	130	47	226	62
14	11	122	45	186	56
15	13	125	49	215	73
16	12	96	41	201	60
17	15	105	50	203	88
18	16	115	44	236	74
19	17	98	45	184	80
20	18	109	46	237	80
21	16	103	44	224	79
22	15	100	43	220	68
23	15	101	43	197	72
24	16	114	50	195	89
25	19	120	55	224	90
26	20	121	56	221	95
27	8	115	50	185	45
28	11	124	40	231	66
29	18	118	39	186	65
30	12	104	35	197	62

《순서 2》 분석 도구의 호출

메뉴에서 [데이터] - [데이터 분석]을 선택하고, [분석 도구] 중 [회귀분석]을 클릭한다. [확인]을 클릭한다.

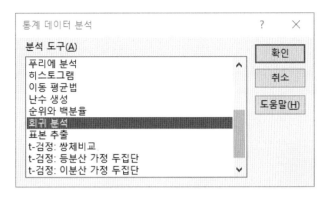

《순서 3》 다음의 화면이 나타나면,

[Y축 입력 범위]에 제품 중량 y의 데이터 입력.

[X축 입력 범위]에 x_1, x_2, x_3, x_4의 데이터 입력.

[이름표]에 체크.

[출력 범위]를 데이터가 있는 시트의 H1을 지정하고 [확인]을 클릭한다.

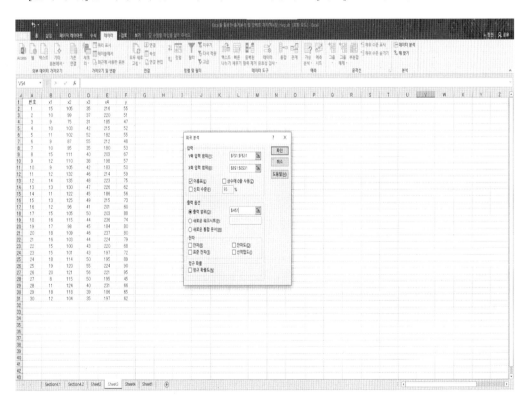

《순서 4》 분석 결과의 출력

따라서 구하는 회귀직선의 식은

$$Y = -8.911 + 3.348 \times x_1 + 0.007 x_2 + 0.480 x_3 + 0.038 x_4$$

가 된다는 것을 알았다.

4. 다중공선성

1. 개요

　다중공선성(多重共線性, multicollinearity) 문제는 통계학의 회귀분석에서 독립변수들 간에 강한 상관관계가 나타나는 문제이다. 독립변수들 간에 정확한 선형관계가 존재하는 완전공선성의 경우와 독립변수들 간에 높은 선형관계가 존재하는 다중공선성으로 구분하기도 한다. 이는 회귀분석의 전제 가정을 위배하는 것이므로 적절한 회귀분석을 위해 해결해야 하는 문제가 된다.

2. 진단법

결정계수 R^2값은 높아 회귀식의 설명력은 높지만 식 안의 독립변수의 P값(P-value)이 커서 개별 인자들이 유의하지 않는 경우가 있다. 이런 경우 독립변수들 간에 높은 상관관계가 있다고 의심된다.

- 독립변수들 간의 상관계수를 구한다.
- 분산팽창요인(variance inflation factor, VIF)을 구하여 이 값이 10을 넘는다면 보통 다중 공선성의 문제가 있다.

Excel에서는 공선성 진단을 위한 VIF 등 출력이 안 되지만 독립변수들의 P값을 통한 판단이 가능하다. SPSS 등의 통계 전문 소프트웨어에서는 가능하다.

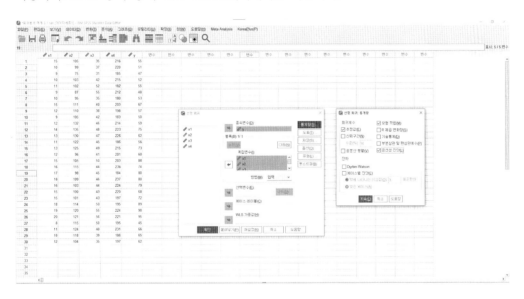

3. 해결법

상관관계가 높은 독립변수 중 하나 혹은 일부를 제거한다.

- 변수를 변형시키거나 새로운 관측치를 이용한다.
- 자료를 수집하는 현장의 상황을 보아 상관관계의 이유를 파악하여 해결한다.
- 주성분분석(principal component analysis)을 이용한 diagonal matrix의 형태로 공선성을 없애준다.

다음 <표 4.3>의 데이터를 분석 도구에 의하여 다중회귀분석을 실시하게 되면 어떤 결과가 나올까?

| 표 4.3 | 다중공선성 데이터(1)

No.	x_1	x_2	x_3	x_4	y
1	23	46	25	69	123
2	22	44	55	66	324
3	20	40	67	60	250
4	19	38	32	57	190
5	25	50	56	75	210
6	18	36	77	54	278

	A	B	C	D	E	F	G	H	I	J	K	L	M	N	O	P	Q	R
1	x1	x2	x3	x4	y		요약 출력											
2	23	46	25	69	123													
3	22	44	55	66	324		회귀분석 통계량											
4	20	40	67	60	250		다중 상관계수	0.764367										
5	19	38	32	57	190		결정계수	0.584257										
6	25	50	56	75	210		조정된 결정계수	-0.35957										
7	18	36	77	54	278		표준 오차	58.84233										
8							관측수	6										
9																		
10							분산 분석											
11								자유도	제곱합	제곱 평균	F 비	유의한 F						
12							회귀	4	14597.57	3649.393	2.108001	0.471154						
13							잔차	3	10387.26	3462.42								
14							계	7	24984.83									
15																		
16								계수	표준 오차	t 통계량	P-값	하위 95%	상위 95%	하위 95.0%	상위 95.0%			
17							Y 절편	130.0752	256.5462	0.507024	0.647058	-686.369	946.5196	-686.369	946.5196			
18							x1	0	0	65535	#NUM!	0	0	0	0			
19							x2	0	0	65535	#NUM!	0	0	0	0			
20							x3	2.616087	1.388245	1.884456	#NUM!	-1.80193	7.034102	-1.80193	7.034102			
21							x4	-0.58181	3.509912	-0.16576	0.878885	-11.7519	10.5883	-11.7519	10.5883			
22																		
23																		
24																		

독립변수 x_1, x_2, x_3에 대한 출력 결과는 에러 메시지가 보이고 나머지 결과에 대해서도 전혀 신뢰성이 없다.

실제로 독립변수 x_1, x_2, x_3 사이에는 비례 관계가 있어 다중공선성이 존재하고 있는 것이다. 세 변수 중에서 두 변수는 제거해야 한다는 것이다.

그러면 <표 4.4>의 데이터를 분석 도구에 의하여 다중회귀분석을 실시하게 되면 어떤 결과가 될까?

| 표 4.4 | 다중공선성 데이터(2)

No.	x_1	x_2	x_3	x_4	y
1	23	46	25	69	163
2	22	44	55	66	187
3	20	40	67	60	250
4	19	38	32	57	190
5	25	50	56	75	210
6	18	36	77	54	278

역시 독립변수 x_1, x_2, x_3에 대한 출력 결과는 에러 메시지가 보이고 나머지 결과에 대해서도 전혀 신뢰성이 없다.

실제로 No.1과 No.2의 데이터는 각각 1차 선형결합(linear combination)으로 되어 있음을 알 수 있다. 다중공선성이 존재하고 있는 것이다.

23+46+25+69=163

22+44+55+66=187

<표 4.4>의 데이터를 SPSS에 의해서 다중회귀분석을 실시하면 다음과 같은 결과가 출력된다.

계수[a]

모형		비표준화 계수		표준화 계수	t	유의확률	공선성 통계량	
		B	표준화 오류	베타			공차	VIF
1	(상수)	230.490	76.054		3.031	.056		
	x3	1.731	.412	.803	4.205	.025	.896	1.115
	x4	-1.693	1.041	-.311	-1.627	.202	.896	1.115

a. 종속변수: y

제외된 변수[a]

모형		베타 입력	t	유의확률	편상관계수	공선성 통계량		최소공차
						공차	VIF	
1	x1	.[b]	.	.	.	.000	.	.000
	x2	.[b]	.	.	.	.000	.	.000

a. 종속변수: y

b. 모형내의 예측자: (상수), x4, x3

독립변수 x_1, x_2, x_3, x_4 중 두 개의 변수 x_1, x_2는 아예 제외되고 x_3, x_4 두 개의 변수만 분석 결과가 출력되고 있다.

Excel을 활용한
통계분석

시계열분석과 예측

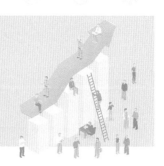

Chapter 05

시계열분석과 예측

다음의 데이터는 어떤 TV프로의 시청률 추이를 조사한 것이다.

| 표 5.1 | TV프로의 시청률(%)

년	시청률	년	시청률
1년째	80.4	16년째	77.0
2년째	81.4	17년째	72.2
3년째	72.0	18년째	77.0
4년째	78.1	19년째	71.1
5년째	74.0	20년째	74.9
6년째	76.7	21년째	69.9
7년째	76.9	22년째	74.2
8년째	69.7	23년째	78.1
9년째	77.0	24년째	66.0
10년째	78.1	25년째	59.4
11년째	80.6	26년째	55.2
12년째	75.8	27년째	53.9
13년째	74.8	28년째	47.0
14년째	72.0	29년째	38.5
15년째	74.6	30년째	51.5

이 시계열 데이터의 꺾은선 그래프를 그려 보자.

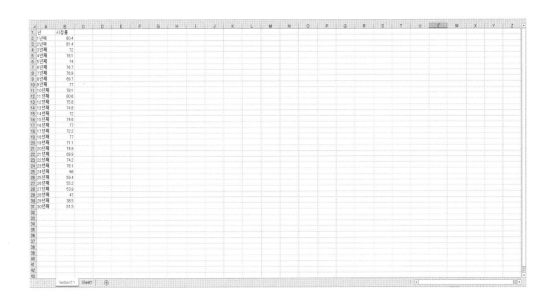

그래프를 작성할 때는 먼저 데이터의 범위를 드래그해서 범위지정을 해야 하는 것이다.

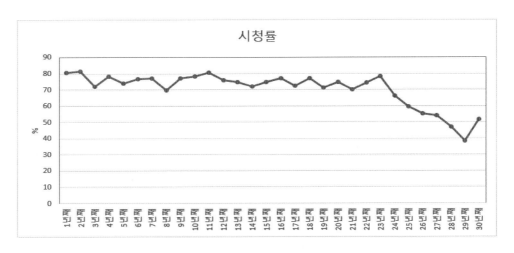

| 그림 5.1 | **시계열 데이터의 꺾은선 그래프**

이 시계열 데이터의 특징을 끄집어내기 위해서, 꺾은선을 좀 더 매끄럽게 해 보자. 꺾은선 그래프를 좀 더 매끄럽게 하는 통계수법으로서는 다음과 같은 기법이 있다.

- 3항 이동평균
- 5항 이동평균
- 지수평활법

1. 3항 이동평균

3항 이동평균은 매우 간단하다. 이웃하는 세 개의 데이터에 대한 평균값을 취하고, 그 평균값의 꺾은선 그래프를 그리면 완성된다.

《순서 1》데이터 입력

다음과 같이 데이터를 입력한다.

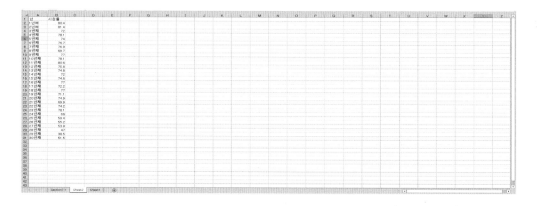

《순서 2》C1의 셀에 '3항 이동평균'이라고 입력한 다음, C3의 셀을 클릭한다.

[수식] - [f_x 함수삽입] - [통계] - [AVERAGE]를 선택하고 [확인]을 클릭한다.

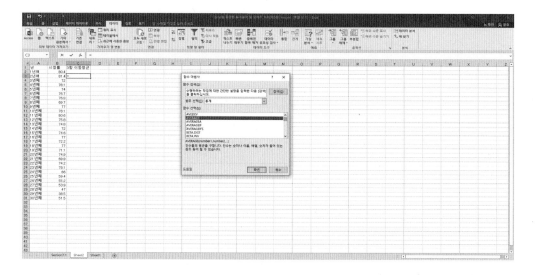

《순서 3》 다음의 화면이 나타나면 B2:B4라고 입력하고 [확인]을 클릭한다.

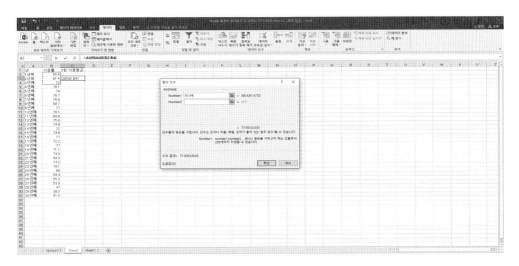

《순서 4》 C3의 수식을 C4에서 C30까지 자동 채우기한다.

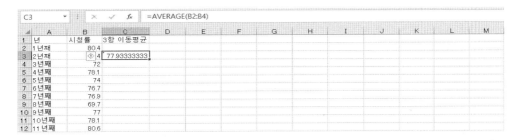

C4에서 C30까지 드래그하여 복사한다.

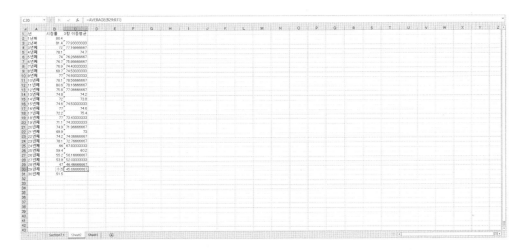

《순서 5》 다음에 꺾은선 그래프를 작성한다. C3에서 C30까지 드래그해서 데이터의 범위를 지정해 놓는다. [삽입] - [꺾은선형] - [첫 번째]를 선택한다.

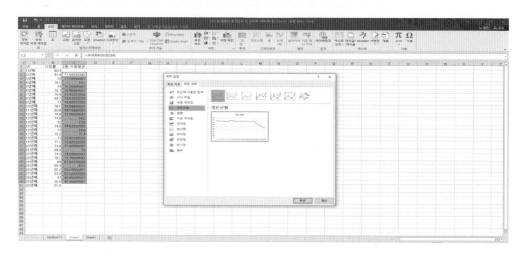

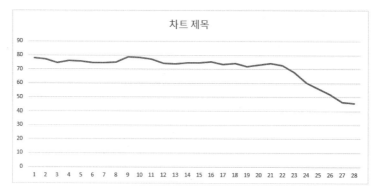

《순서 6》 먼저 그래프에 이름을 붙여둔다. 그러면 다음과 같이 3항 이동평균의 그래프가 완성된다.

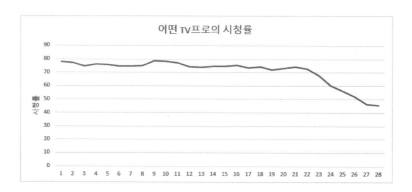

그런데 시청률의 데이터와 3항 이동평균을 함께 그래프로 표현하고 싶을 때는, B1에서 C31 까지 드래그한 다음 꺾은선을 작성한다.

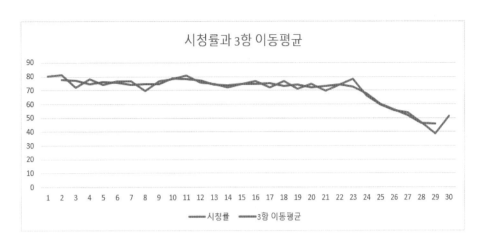

2. 분석 도구를 이용한 이동평균

《순서 1》 다음과 같이 데이터를 입력한다.

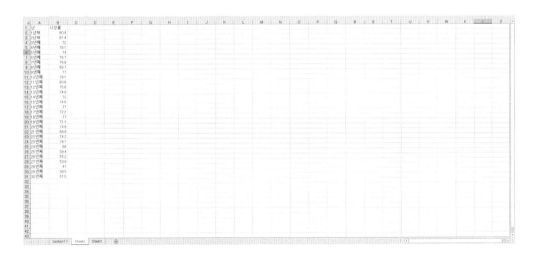

《순서 2》 [데이터] - [데이터 분석]을 클릭해서 [분석 도구] 중에서 [이동평균법]을 선택하고
[확인]을 클릭한다.

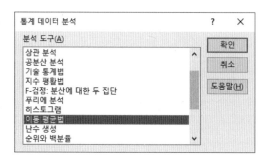

《순서 3》 다음 화면에서 아래와 같이 입력·지정하고 [확인]을 클릭한다.

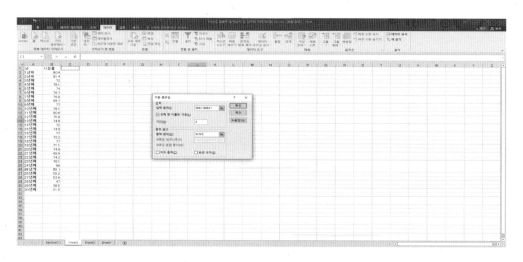

《순서 4》 다음과 같이 출력되면, 완성이다.

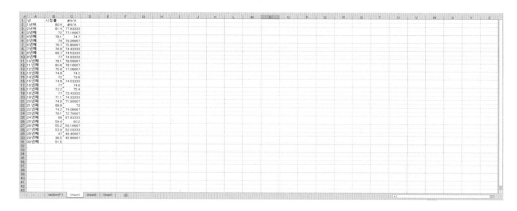

3. 분석 도구를 이용한 지수평활

《순서 1》 다음과 같이 데이터를 입력한다.

	A	B
1	년	시장률
2	1년째	80.4
3	2년째	81.4
4	3년째	72
5	4년째	78.1
6	5년째	74
7	6년째	76.7
8	7년째	76.9
9	8년째	69.7
10	9년째	77
11	10년째	78.1
12	11년째	80.6
13	12년째	75.8
14	13년째	74.8
15	14년째	72
16	15년째	74.6
17	16년째	77
18	17년째	72.2
19	18년째	77
20	19년째	71.1
21	20년째	74.9
22	21년째	69.9
23	22년째	74.2
24	23년째	78.1
25	24년째	66
26	25년째	59.4
27	26년째	55.2
28	27년째	53.9
29	28년째	47
30	29년째	38.5
31	30년째	51.5

《순서 2》 [데이터] - [데이터 분석]을 클릭해서 [분석 도구] 중에서 [지수평활법]을 선택하고 [확인]을 클릭한다.

《순서 3》 다음 화면에서 아래와 같이 입력·지정하고 [확인]을 클릭한다.

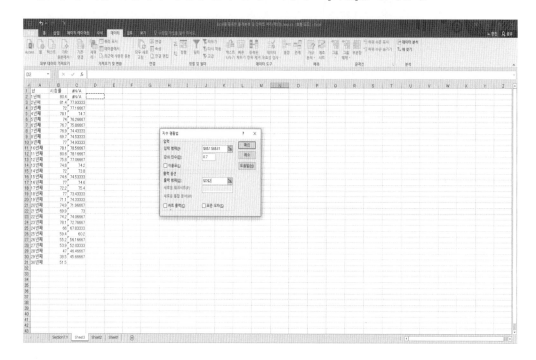

《순서 4》 다음과 같이 출력되면, 완성이다.

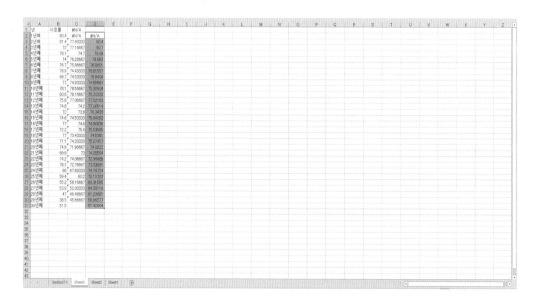

시청률의 실측값, 이동평균, 지수평활 결과를 동시에 그래프로 표현하면 다음과 같다.

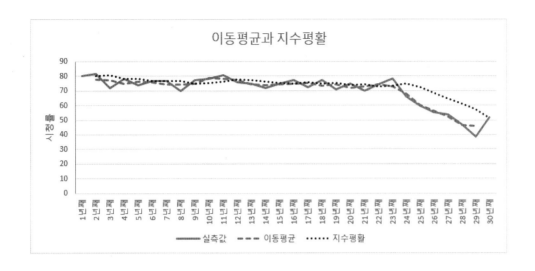

지수평활법(exponential smoothing)의 개념은 이렇다. '내일 수치는 일정 비율은 오늘 값, 일정 비율은 오늘 예측값을 합친 것이다.'

$$\hat{x}_{t+1} = \alpha x_t + (1-\alpha)\hat{x}_t$$

이 '일정 비율'은 그리스 문자 α로 나타낸다. 이동평균법의 n이나 가중 이동평균법의 가중치처럼 현재 자료를 가장 잘 재현하는 α를 찾아야 한다.

Hint

Excel에서 [데이터 분석] - [지수평활법]에 들어간다. 입력 범위에 자료를 넣는다(감쇠 인수는 1 - α이다). 엑셀 지수평활법은 지금 자료를 재현하는 기능만 지원한다. 원하는 α를 구했다면 직접 수식을 입력해 미래 수치를 예측해야 한다.

지금까지 살펴본 지수평활법은 단순지수평활법이다. 이중지수평활법, 삼중지수평활법(계절지수평활법)은 단순지수평활법과 달리 자료의 추세나 계절성을 반영한다.

지수평활법에서 $\alpha = 0.3$, $\alpha = 0.7$일 때 각각 값을 구해서 그래프로 표현하면 다음과 같다.

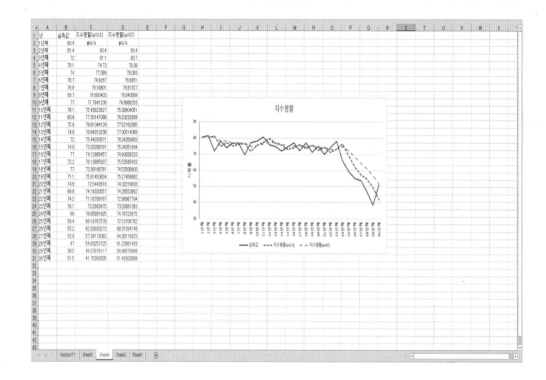

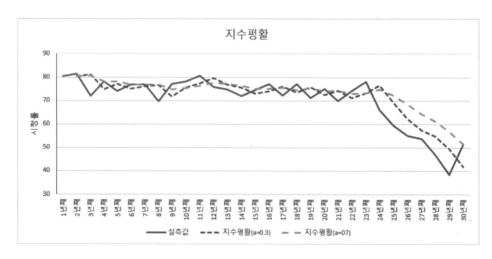

Excel을 활용한
통계분석

Chapter 06

도수분포표와 히스토그램

Chapter 06
도수분포표와 히스토그램

다음의 데이터는 K대학교 여학생 80명에 대해서 실시한 앙케트 조사의 결과이다. 단백질, 탄수화물, 칼슘이라고 하는 항목에 관해서는 식품섭취빈도조사법의 결과로부터 계산하고 있다. 남성의 키에 대해서는 "당신이 결혼상대로 원하는 신장은?"이라고 하는 질문항목의 회답이다.

| 표 6.1 | K대학교 여학생 80명의 신장 등

No.	키	체중	단백질	탄수화물	칼슘	남성의 키
1	151	48	62	269	494	175
2	154	44	48	196	473	176
3	160	48	48	191	361	178
4	160	52	89	230	838	180
5	163	58	52	203	268	172
6	156	58	77	279	615	175
7	158	62	58	247	573	172
:	:	:	:	:	:	:
79	156	47	58	229	499	175
80	161	50	79	279	827	173

Hint

식품섭취조사의 종류에는 24시간회상법, 식사기록법, 식사력조사법, 식품섭취빈도조사법이 있다. 생화학적 조사는 대상자의 혈액, 소변 등을 검사하는 방법이다. 영양소, 영양소 대사량, 물의 농도, 면역기능 등을 분석하여 기준치와 비교 및 평가한다. 이 방법은 비교적 수치로 환산되는 데 객관적이며, 정량적인 조사법이다.

식사섭취빈도조사법은 질적 조사법으로 일정 기간의 특정적인 상품이나 식품군의 섭취에 대한 빈도 조사로 섭취실태를 파악하는 조사법이다. 비교적 적은 내용을 조사하며, 대규모로 연구가 가능하다는 장점이 있다. 하지만 개인의 섭취량에 대해 정확한 조사가 어렵다는 단점이 있다.

1. 도수분포표 작성

여대생의 키에 대한 도수분포표를 만들어 보자.
도수란 계급에 포함되는 데이터의 개수를 가리킨다.

🌙 Excel 함수를 이용해서 도수분포표를 만드는 방법

《순서 1》 데이터 입력

다음과 같이 데이터를 입력한다. 먼저 데이터의 최대값, 최소값, 범위를 구한다. 다음과 같이 데이터와 앞으로 구할 통계량의 이름을 입력해 놓는다.

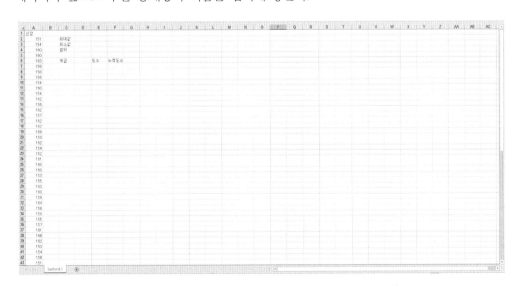

《순서 2》 D2 셀을 클릭한 다음, [수식] - [f_x함수삽입] - [통계] - [MAX]를 선택하고 [확인]을 클릭한다.

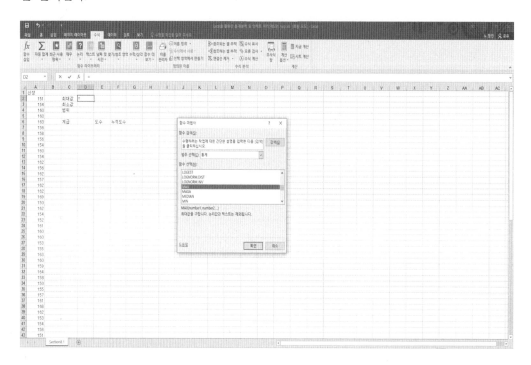

《순서 3》 다음의 화면에서 [Number1]의 난에, A2:A81이라고 입력하고 [확인]을 클릭한다.

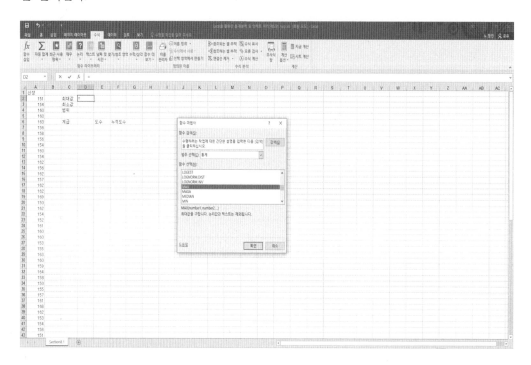

그러면 최대값은 169이다.

| D2 | ▼ | : | × | ✓ | f_x | =MAX(A2:A81) | | | | | |

▲	A	B	C	D	E	F	G	H	I	J	K	L
2	151		최대값	169								
3	154		최소값									
4	160		범위									
5	160											
6	163		계급		도수	누적도수						
7	156											
8	158											
9	156											
10	154											

《순서 4》 같은 방법으로 최소값, 범위를 구한다.

| D4 | ▼ | : | × | ✓ | f_x | =D2-D3 | | | | | |

▲	A	B	C	D	E	F	G	H	I	J	K	L
1	신장											
2	151		최대값	169								
3	154		최소값	143								
4	160		범위	26								
5	160											
6	163		계급		도수	누적도수						
7	156											
8	158											
9	156											
10	154											

《순서 5》 이어서 다음과 같이 계급의 값을 입력한다. 최소값이 143이므로, 140부터 5 간격으로 입력하면 된다. 다음에 누적도수를 구한다. 그래서 F7 셀을 클릭한다.

▲	A	B	C	D	E	F	G	H	I	J	K	L
1	신장											
2	151		최대값	169								
3	154		최소값	143								
4	160		범위	26								
5	160											
6	163		계급		도수	누적도수						
7	156		140	145								
8	158		145	150								
9	156		150	155								
10	154		155	160								
11	160		160	165								
12	154		165	170								
13	162											
14	156											
15	162											

《순서 6》 [수식] - [f_x 함수삽입] - [통계] - [FREQUENCY]를 선택하고 [확인]을 클릭한다.

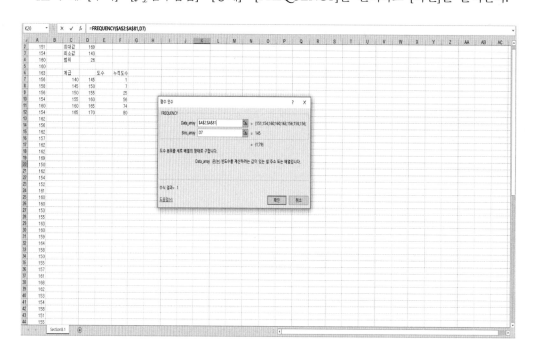

※ A2 셀에서 A81 셀까지의 데이터 중에서 145 이하 데이터의 개수를 헤아린다.

	A	B	C	D	E	F	G	H	I	J	K	L
						=FREQUENCY(A2:A81,145)						
1	신장											
2	151		최대값	169								
3	154		최소값	143								
4	160		범위	26								
5	160											
6	163		계급			도수	누적도수					
7	156		140	145			1					
8	158		145	150								
9	156		150	155								
10	154		155	160								
11	160		160	165								
12	154		165	170								
13	162											
14	156											
15	162											

《순서 7》 F7에서 F12 셀까지 자동 채우기하면 각 계급의 누적도수가 구해진다.

F7				$\times$ $\checkmark$ f_x	=FREQUENCY($A$2:$A$81,D7)						
◢	A	B	C	D	E	F	G	H	I	J	K	L
2	151		최대값	169								
3	154		최소값	143								
4	160		범위	26								
5	160											
6	163		계급		도수	누적도수						
7	156		140	145		1						
8	158		145	150		7						
9	156		150	155		25						
10	154		155	160		56						
11	160		160	165		74						
12	154		165	170		80						
13	162											
14	156											
15	162											

《순서 8》 마지막으로 각 계급의 도수를 구한다.

E7셀에 '=F7', E8 셀에 '=F8 - F7'라고 입력하고 E12 셀까지 자동 채우기한다.

E7				$\times$ $\checkmark$ f_x	=F7						
◢	A	B	C	D	E	F	G	H	I	J	K	L
2	151		최대값	169								
3	154		최소값	143								
4	160		범위	26								
5	160											
6	163		계급		도수	누적도수						
7	156		140	145	1	1						
8	158		145	150	6	7						
9	156		150	155	18	25						
10	154		155	160	31	56						
11	160		160	165	18	74						
12	154		165	170	6	80						
13	162											
14	156											
15	162											

[각 셀의 입력내용]

E7; =F7

E8; =F8 - F7　　　　　　　　(E9 셀에서 E12 셀까지 자동 채우기한다)

🌀 도수를 구하는 간단한 방법

《순서 7》 누적도수까지 구하고 나면, E7:E12 범위를 드래그해 놓는다.

	A	B	C	D	E	F	G	H	I	J	K	L
2	151		최대값	169								
3	154		최소값	143								
4	160		범위	26								
5	160											
6	163		계급		도수	누적도수						
7	156		140	145		1						
8	158		145	150		7						
9	156		150	155		25						
10	154		155	160		56						
11	160		160	165		74						
12	154		165	170		80						
13	162											
14	156											
15	162											

《순서 8》 [수식] - [f_x 함수삽입] - [통계] - [FREQUENCY]를 선택하고 다음과 같이 데이터의 범위와 계급의 범위를 입력한다.

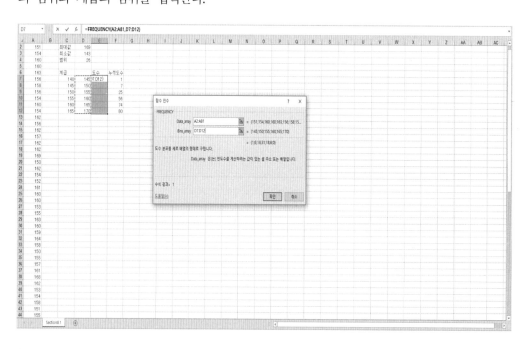

《순서 9》 마지막으로 Ctrl + Shift + Enter↵ 키를 동시에 누른다. 이것이 배열복사 방식이다.

E7		▼		×	✓	*fx*	{=FREQUENCY(A2:A81,D7:D12)}			

◢	A	B	C	D	E	F	G	H	I	J	K	L
2	151		최대값	169								
3	154		최소값	143								
4	160		범위	26								
5	160											
6	163		계급		도수	누적도수						
7	156		140	145	1	1						
8	158		145	150	6	7						
9	156		150	155	18	25						
10	154		155	160	31	56						
11	160		160	165	18	74						
12	154		165	170	6	80						
13	162											
14	156											
15	162											

2. 히스토그램 작성

히스토그램의 작성 방법은 두 가지이다.

• [분석 도구]를 이용하는 방법
• [삽입] - [막대형]을 이용하는 방법

Hint

히스토그램이라는 용어는 그리스어의 기원으로 19세기 말에 영국의 유명한 수학자이자 생물통계학
자인 칼 피어슨에 의해 그래픽 표현의 일반적인 형태를 가리키기 위해 처음 사용되었다. 즉, 그가
히스토그램을 소개한 것으로 알려져 있다.
이것은 칼 피어슨이 이 차트를 발명한 것은 아니라는 것을 의미한다. 그리고 히스토그램은 이러한
이름을 얻기 훨씬 이전에 사용되었다. 하지만 그 날짜와 유래는 여전히 불분명하다. 그럼에도 불구
하고 칼의 이름을 붙인 이후로 이 차트는 더 인기를 끌었고, 연구자들과 분석가들 사이에서 인정을
받기 시작했다.

먼저 [삽입] - [막대형]을 이용하는 방법으로 작성해 보자.

《순서 1》 E7:E12 범위를 드래그하고, [삽입] - [세로 막대형] 첫 번째 타입을 선택한다.

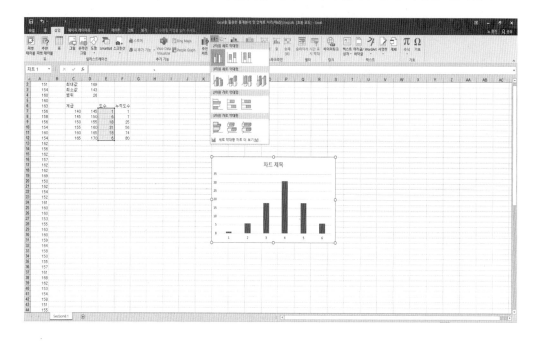

《순서 2》 일단 그래프가 작성되었으나, 이것은 정식의 히스토그램이 아니다.
[빠른 레이아웃] 중에서 다음과 같이 선택하면 된다.

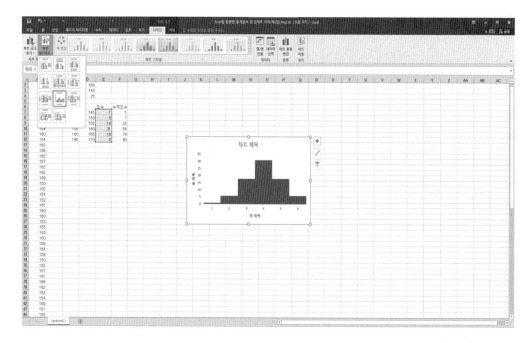

《순서 3》 그래프의 완성

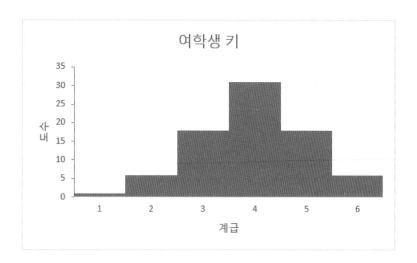

[도형 서식]에서 그래프를 여러 가지 방법으로 수정할 수 있다.

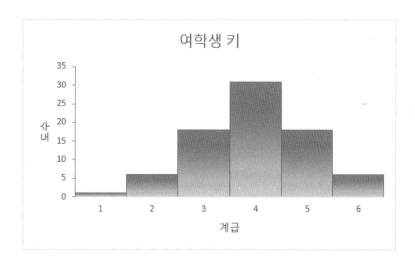

	A	B	C	D	E	F	G	H	I	J	K	L
1	신장											
2	151		최대값	169								
3	154		최소값	143								
4	160		범위	26								
5	160											
6	163		계급									
7	156		140	145								
8	158		145	150								
9	156		150	155								
10	154		155	160								
11	160		160	165								
12	154		165	170								
13	162											
14	156											
15	162											

《순서 1》 데이터를 입력해 놓는다. 도수, 누적도수 항목 이름은 입력할 필요 없다.

$$※ \; 140 < x \leq 145$$
$$145 < x \leq 150$$
$$\vdots$$
$$165 < x \leq 170$$

《순서 2》 [데이터] - [데이터 분석]을 선택하고, [분석 도구] 중에서 [히스토그램]을 선택한다.

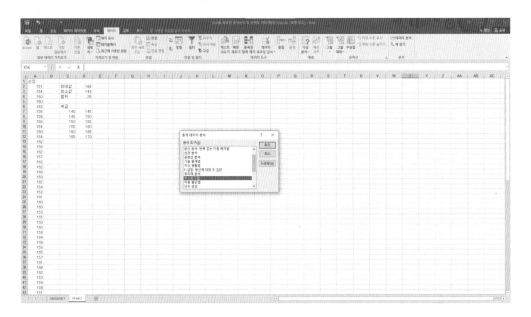

《순서 3》 다음 화면에서 아래와 같이 입력·지정하고 [확인]을 클릭한다.

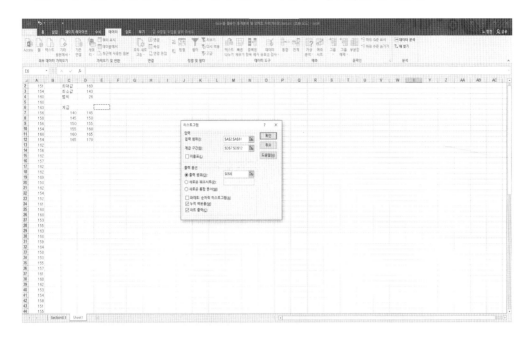

《순서 4》 다음과 같은 도수분포표와 히스토그램이 완성된다.

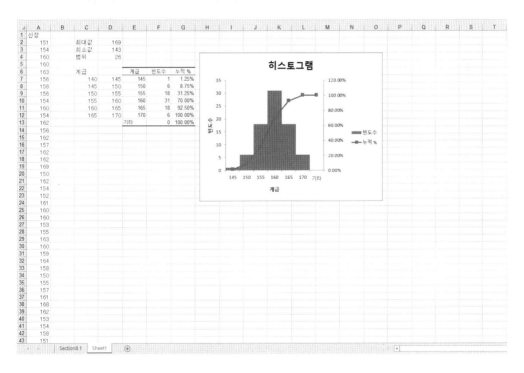

막대그래프와 히스토그램의 차이

막대그래프와 히스토그램은 번역할 경우 같은 단어로 보면서도 실제 적용에서는 차이를 두면서 다르게 활용하는 그래프이다.

구분	내용
막대그래프	자료를 조사하여 표로 나타낸 여러 가지 항목들에 대해 수량들의 많고 적음을 비교하기 쉽도록 수량을 막대의 길이로 나타낸 것. 히스토그램과 달리 막대는 서로 분리되어 있어서 각각의 수량의 크기를 나타낸다. 막대그래프는 시각적으로 통계적 사실을 쉽게 파악할 수 있으며, 각 부분의 수량을 쉽게 비교할 수 있고 각각의 항목에 대한 "수량의 크기를 정확하게 나타낼 수 있다".
히스토그램	계급을 가로축에, 도수를 세로축에 나타낸 뒤, 각 계급의 크기를 가로의 길이로, 도수를 세로의 길이로 하는 직사각형을 차례대로 그려서 나타낸 그래프. 이 때 각 계급의 크기는 직사각형의 가로의 길이를, 도수는 세로의 길이를 결정한다. 히스토그램은 전체 집단의 "분포 상태를 파악하거나 비교할 때 사용된다"

Excel을 활용한
통계분석

Chapter 07

이산확률분포

Chapter 07
이산확률분포

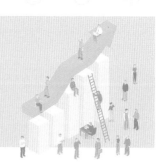

1. 이항분포

🔔 베르누이 시행

어떤 주어진 시행에서 두 가지 상호 배반적인 결과만이 나타나는 경우가 있다. 예를 들면 제품의 품질검사를 실시할 때 양품과 불량품으로 구분하는 경우, 두 회사의 콜라를 여러 사람이 시음할 때 어느 쪽 회사의 콜라가 더 맛있는가라고 하는 경우, 사람을 남자와 여자로 나누는 경우 등은 시행의 결과가 두 가지뿐이라고 할 수 있다. 이와 같이 시행의 결과가 두 가지뿐인 실험을 베르누이 시행(Bernoulli trial)이라 하며 다음과 같은 전제조건을 가지고 있다.

(1) 실험이 n번 동일한 시행으로 구성된다.
(2) 각 시행은 두 가지 가능한 결과 중 한 가지만 나타난다.
(3) 각 결과의 확률은 시행의 횟수에 관계없이 일정하다.
(4) 한 시행의 결과는 다른 시행의 결과에 영향을 주지 않는다. 즉, 각 시행은 서로 독립적이다.

베르누이 시행의 예는 수없이 많이 있다. 동전 던지기(앞면 혹은 뒷면), 무작위로 추출되는 동물의 암수 구별, 주사위 던지기(짝수 혹은 홀수) 등이 그것이다.

그러나 엄밀히 말하자면 위의 네 가지 조건이 완전히 성립되는 예는 우연한 게임 이외에는 없을지도 모른다. 가령 페니실린 투여에 의해서 어떤 감기가 치유되는지 어떤지를 알아보기 위하여 20명의 환자를 대상으로 실험할 경우, 이 실험을 같은 조건하에서의 20회 베르누이 시행이라고 간주하기는 곤란하다. 왜냐하면 모든 환자는 각각 서로 다른 유전체질을 가지고 있고 서로 다른 생활환경에 살고 있으며 서로 다른 식생활을 하고 있으므로, 치유될 확률(=성공확률)이 모든 환자에 대해서 동일하다고 간주할 수 없기 때문이다. 그러나 베르누이 시행의 조건이 근사적으로 성립한다고 가정함으로써 다음에 기술할 이항분포가 성립될 수 있는 것이다.

실험 또는 관찰의 결과로서 성공(S)이냐 실패(F)냐라고 하는 두 가지 경우를 생각할 수 있을 때, $P(S) = p$라고 하면 $P(F) = 1 - p$가 된다. 이 두 가지의 결과에 대해서 S를 1에, F를 0에 대응시키는 확률변수를 베르누이 확률변수라고 부른다. X를 베르누이 확률변수라 하고, 그 확률밀도함수를 $f(x)$라고 하면,

$$f(x) = p^x (1-p)^{n-x}, \ x = 0, 1$$

라고 쓸 수 있다. 즉, $n=1$의 이항분포이다. 이와 같은 시행을 n회 반복하는 것을 n회의 베르누이 시행이라고 부른다.

베르누이 분포의 기대값과 분산

$$E(X) = p$$
$$V(X) = p(1-p) = pq$$

이항분포

베르누이 시행의 전제조건 하에서 p와 $(1-p)$가 각각 어떤 시행에서의 성공과 실패의 확률이라고 하면, n번의 독립적 시행에서 x번 성공할 확률이 다음과 같이 주어지는 확률분포를 이항분포(binomial distribution) $B(n, p)$라고 한다.

$$P(X = x) = {}_n C_x \, p^x (1-p)^{n-x}$$

여기에서 n : 시행횟수

$\quad\quad\quad\quad\quad x$: 성공횟수($x = 0, 1, 2, \cdots, n$)

$\quad\quad\quad\quad\quad p$: 성공확률($0 < p < 1$)

$\quad\quad\quad (1-p) = q$: 실패확률

이때 $_nC_x$를 이항계수(binomial coefficient)라고 부르며, Excel에서는 조합(combination) 함수 COMBIN(   )을 이용하여 구할 수 있다. 즉,

$$_nC_x = \binom{n}{x} = COMBIN(n,\ x) = \frac{n(n-2)\cdots(n-(x-1))}{x(x-1)(x-2)\cdots1}$$

Excel에서의 이항분포 함수는 BINOMDIST(   )이다.

이항분포의 기대값과 분산

$$E(X) = np$$
$$V(X) = np(1-p) = npq$$

⟳ Excel의 이항분포 함수

Excel에 갖추어져 있는 BINOMDIST.DIST(   ) 함수를 이용하여 성공확률과 누적성공확률을 구할 수 있다.

$$BINOMDIST.DIST(x,\ n,\ p,\ c)$$

여기에서 x : 성공횟수

n : 시행횟수

p : 매번 시행할 때마다의 성공확률

c : 1 또는 0(True or False)

- 0(False)일 때에는 n회 시행했을 때 x회 성공할 확률
- 1(True)일 때에는 x회 이하 성공할 확률

을 각각 계산한다. 예를 들면,

BINOMDIST.DIST(6, 10, 0.5, False) : 성공확률(p)이 0.5일 때 10번 시행해서 6회 성공할 확률

BINOMDIST.DIST(6, 10, 0.5, True) : 6회 이하 성공할 확률

을 나타낸다.

| 예제 | 7-1

불량률이 0.1인 주조공정에서 15개의 제품을 추출했을 때, 다음의 확률을 각각 구하라.

(1) 불량품이 2개일 확률
(2) 불량품이 2개 이하일 확률
(3) 불량품이 10개 이상일 확률

Excel에 의한 해법

《순서 1》 기본 데이터의 입력

다음과 같이 주어진 데이터를 입력한다.

	A	B	C	D	E	F	G	H	I	J	K	L
1												
2		불량률	p	0.1								
3		표본수	n	15								
4												
5		불량품의 수	x									
6												
7		P(x=2)										
8		P(x<=2)										
9		P(x>=10)										
10												
11												
12												
13												
14												
15												

《순서 2》 불량품이 2개일 확률 $P(X = 2)$의 계산

(1) 셀 C7을 지정한 다음에 메뉴에서 [함수 마법사]를 선택한다.
(2) [함수 마법사] 대화상자가 나타나면,

> 범주 선택(C) : 통계
> 함수 선택(N) : BINOM.DIST

를 선택하고 [확인] 버튼을 클릭한다.

(3) [BINOM.DIST] 대화상자가 나타나면,

Number_s   : 2
Trials   : 15
Probability_s : 0.1
Cumulative   : FALSE

를 입력하고 [확인] 버튼을 클릭한다.

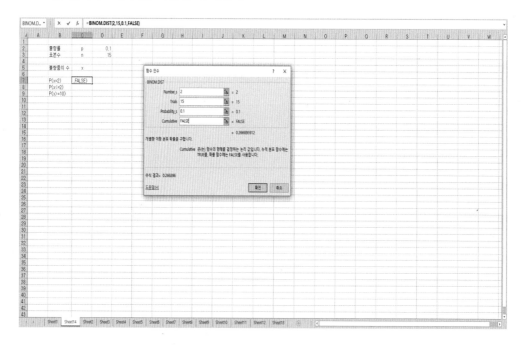

(4) 셀 C7에 이항분포 함수 '=BINOM.DIST(2, 15, 0.1, FALSE)'가 입력된다.

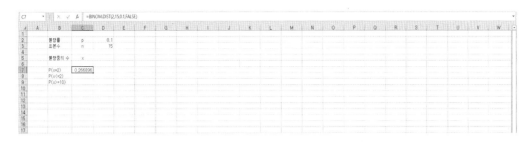

《순서 3》 불량품이 2개 이하일 확률 $P(X \leq 2)$의 계산

(1) 셀 C8을 지정하고 위와 같은 방법으로 하여 [BINOM.DIST] 대화상자가 나타나면,

Number_s : 2
Trials : 15
Probability_s : 0.1
Cumulative : T RUE

를 입력하고 [확인] 버튼을 클릭한다.

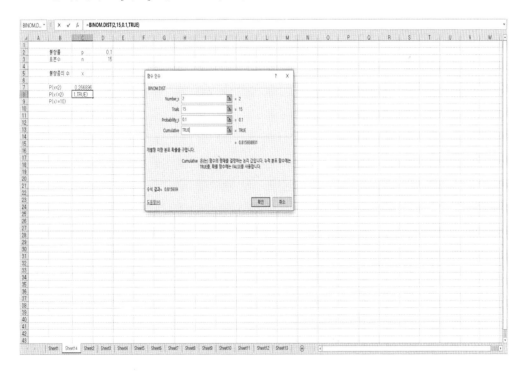

(2) 셀 C8에 이항분포 함수 '=BINOM.DIST(2, 15, 0.1, TRUE)'가 입력된다.

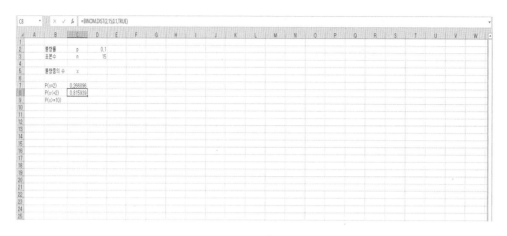

《순서 4》 불량품이 10개 이상일 확률 $P(X \geq 10)$의 실행

(1) 셀 C9을 지정한 다음에 다음과 같은 수식을 입력한다.

   =1 - BINOM.DIST(9, 15, 0.1, TRUE)

(2) 셀 C9에 $P(X \geq 10)$의 계산 결과가 입력된다.

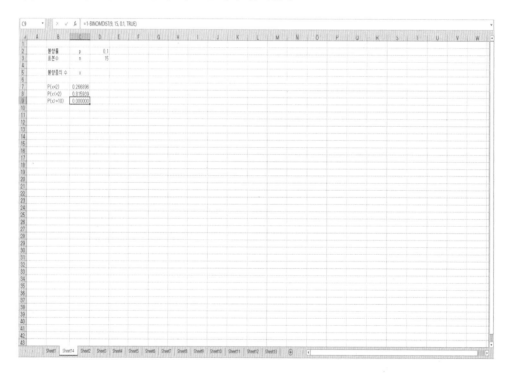

이항분포함수에 의한 확률계산은 n이 커진다거나 p의 소수점 이하 자릿수가 늘어나게 되면 매우 복잡해진다. 그러므로 $n = 20$까지에 대해서 몇 가지의 p에 대한 확률을 각각 계산하여 미리 표로 만들어서 사용하게 되는데 이것을 이항분포표라고 한다.

$n = 2$에서 $n = 5$까지 그리고 $p = 0.10$, 0.15, 0.20, 0.25, 0.30, 0.35, 0.40, 0.45, 0.50에 대한 이항분포표를 작성해 보라.

Hint

이항분포(二項分布)는 연속된 n번의 독립적 시행에서 각 시행이 확률 p를 가질 때의 이산확률분포이다. 이러한 시행은 베르누이 시행이라고 불리기도 한다. 사실, $n=1$일 때 이항분포는 베르누이 분포이다.

Excel에 의한 해법

《순서 1》 기본 데이터의 입력

다음과 같이 필요한 데이터를 입력한다.

	A	B	C	D	E	F	G	H	I	J	K	L	M	N	O
1							p								
2	n	x	0.10	0.15	0.20	0.25	0.30	0.35	0.40	0.45	0.50				
3	2	0													
4		1													
5		2													
6															
7	3	0													
8		1													
9		2													
10		3													
11															
12	4	0													
13		1													
14		2													
15		3													
16		4													
17															
18	5	0													
19		1													
20		2													
21		3													
22		4													
23		5													

《순서 2》 $n = 2$일 때의 계산

(1) 셀 C3:K5 영역을 지정하고 메뉴에서 [함수 마법사]를 선택한다.

(2) [함수 마법사] 대화상자가 나타나면,

범주 선택(C) : 통계

함수 선택(N) : BINOM.DIST

를 선택하고 [확인] 버튼을 클릭한다.

(3) [BINOM.DIST] 대화상자가 나타나면,

Number_s   : B3:B5

Trials   : 2

Probability_s : C2:K2

Cumulative   : 0

를 입력한다.

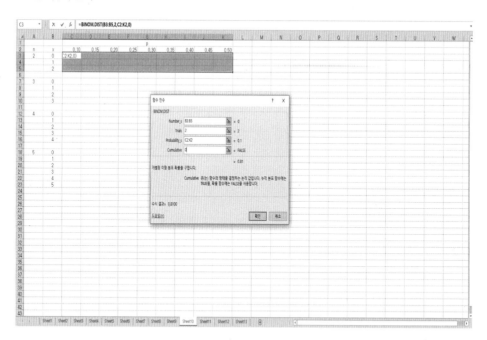

(4) ⌨Ctrl + ⌨Shift + ⌨Enter↵ 키를 누른다.

셀 C3:K5 영역에 배열식 { = BINOM.DIST(B3:B5, 2, C2:K2, 0)}이 입력된다.

《순서 3》 $n = 3$일 때의 계산

(1) 셀 C7:K10 영역을 지정하고 메뉴에서 [함수 마법사]를 선택한다.

(2) [함수 마법사] 대화상자가 나타나면,

      범주 선택(C) : 통계
      함수 선택(N) : BINOM.DIST

를 선택하고 [확인] 버튼을 클릭한다.

(3) [BINOM.DIST] 대화상자가 나타나면,

      Number_s   : B7:B10
      Trials   : 3
      Probability_s : C2:K2
      Cumulative : 0

를 입력한다.

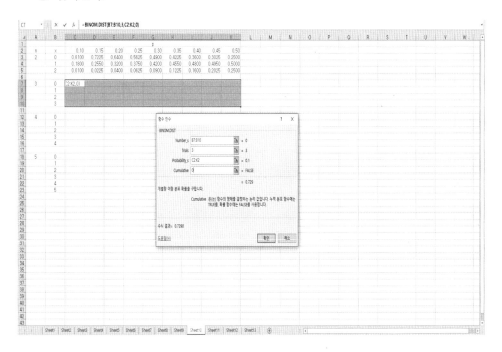

(4) [Ctrl] + [Shift] + [Enter↵] 키를 누른다.

셀 C7:K10 영역에 배열식 { =BINOM.DIST(B7:B10, 3, C2:K2, 0)}이 입력된다.

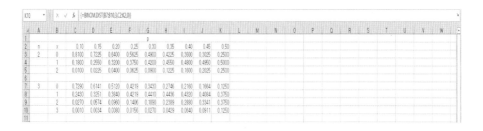

《순서 4》 $n = 4$일 때의 계산

(1) 셀 C12:K16 영역을 지정하고 메뉴에서 [함수 마법사]를 선택한다.
(2) [함수 마법사] 대화상자가 나타나면,

      범주 선택(C) : 통계
      함수 선택(N) : BINOM.DIST

를 선택하고 [확인] 버튼을 클릭한다.

(3) [BINOM.DIST] 대화상자가 나타나면,

      Number_s   : B12:B16
      Trials   : 4
      Probability_s : C2:K2
      Cumulative   : 0

를 입력한다.

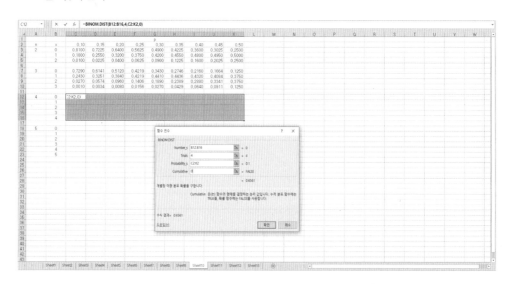

(4) ⌈Ctrl⌉ + ⌈Shift⌉ + ⌈Enter↵⌉ 키를 누른다.

셀 C12:K16 영역에 배열식 { = BINOM.DIST(B12:B16, 4, C2:K2, 0)}이 입력된다.

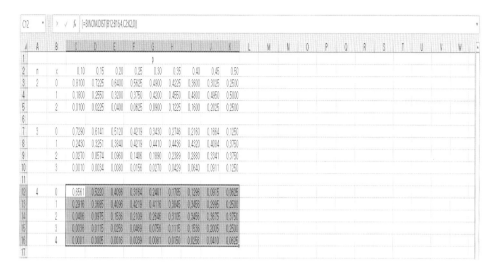

《순서 5》 $n = 5$일 때의 계산

(1) 셀 C18:K23 영역을 지정하고 메뉴에서 [함수 마법사]를 선택한다.

(2) [함수 마법사] 대화상자가 나타나면,

범주 선택(C) : 통계
함수 선택(N) : BINOM.DIST

를 선택하고 [확인] 버튼을 클릭한다.

(3) [BINOM.DIST] 대화상자가 나타나면,

Number_s   : B18:B23
Trials   : 5
Probability_s : C2:K2
Cumulative   : 0

를 입력한다.

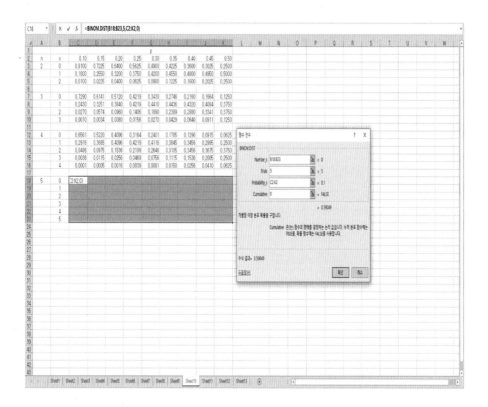

(4) Ctrl + Shift + Enter↵ 키를 누른다.

셀 C18:K23 영역에 배열식 {=BINOM.DIST(B18:B23, 5, C2:K2, 0)}이 입력된다.

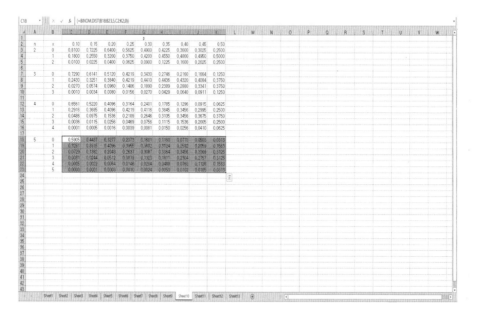

| 예제 | 7-3

위의 이항분포표를 이용하여 동전을 다섯 번 던졌을 때 앞면이 세 번 나올 확률과 세 번 이하 나올 확률을 각각 구하라.

$n = 5,\ p = 0.5,\ x = 3$

(1) $P(X = 3) = 0.3125$

(2) $P(X \leq 3) = P(X = 0) + P(X = 1) + P(X = 2) + P(X = 3)$

$= 0.0313 + 0.1563 + 0.3125 + 0.3125 = 0.8126$

Hint

이항확률함수를 이용하더라도 n이 커지고 p값에 소수점 이하의 숫자가 많아지면 계산이 복잡해진다. 이때에는 이미 계산되어 있는 표를 이용하면 편리하다. 이 표를 이항분포표라고 한다. 이항분포는 n과 p값에 따라 그 모양이 달라지므로 표를 이용할 때는 반드시 n과 p값을 알고 그에 해당되는 확률값을 구해야 한다.

여러 가지 유형의 이항분포 그래프(성공확률 p : 고정) 작성

《순서 1》 기본표의 작성

다음과 같이 기본표를 준비해 놓는다.

p	0.5				
n	10	20	30	40	50

x	P(n=10)	P(n=20)	P(n=30)	P(n=40)	P(n=50)
0					
1					
2					
3					
4					
5					
6					
7					
8					
9					
10					
11					
12					
13					
14					
15					
16					
17					
39					
40					
41					
42					
43					
44					
45					
46					
47					
48					
49					
50					

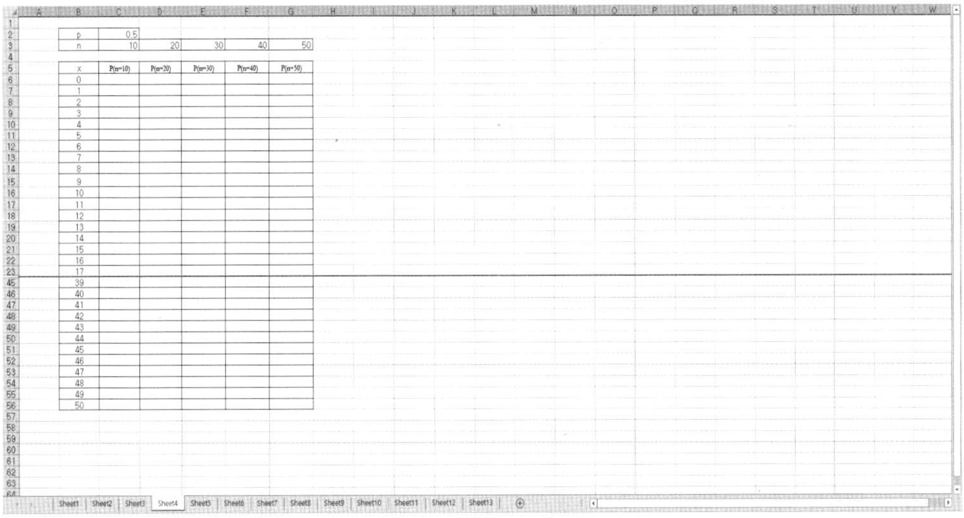

《순서 2》이항분포 함수의 입력

(1) 셀 C6:G56 영역을 지정하고, 메뉴에서 [함수 마법사] 아이콘을 선택한다.
(2) [함수 마법사] 대화상자가 나타나면,

　　　범주 선택(C)　 : 통계

　　　함수 선택(N)　 : BINOM.DIST

　를 선택하고 [확인] 버튼을 클릭한다.

(3) [BINOM.DIST] 함수 입력상자가 나타나면,

　　　Number_s　　 : B6:B56

　　　Trials　　　　 : C3:G3

　　　Probability_s　 : C2

　　　Cumulative　　 : 0

　를 지정한다.

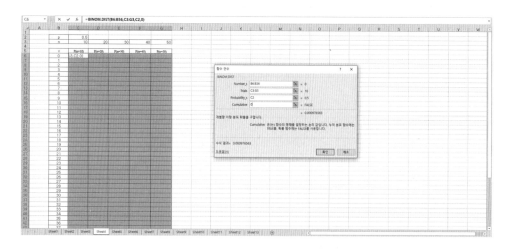

(4) Ctrl + Shift + Enter↵ 키를 누른다.

셀 C6:G56 영역에 배열식 {=BINOM.DIST(B6:B56, C3:G3, C2, 0)}이 입력된다.

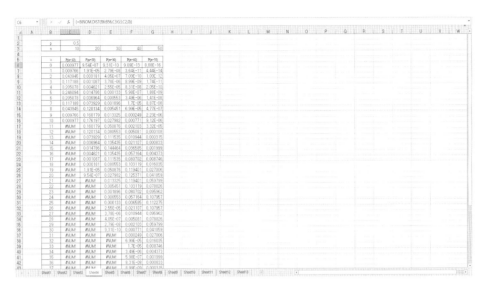

《순서 3》 이항분포 그래프의 작성

(1) 셀 C5:G56 영역을 지정하고, [삽입]을 클릭한다.
(2) 차트 영역에서 꺾은선형 네 번째 유형을 선택한다.

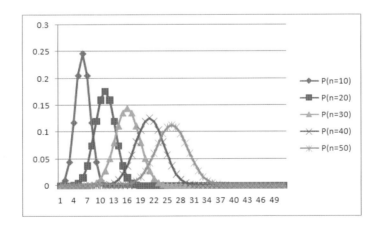

(3) 차트 제목, 축 제목 등을 입력한다.
(4) 가로축 눈금을 조정한다.
(5) 그래프를 적당히 수정하여 완성한다.

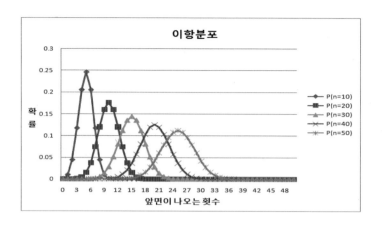

🌀 **여러 가지 유형의 이항분포 그래프(시행횟수 *n* : 고정) 작성**

《순서 1》 기본표의 작성

다음과 같이 기본표를 준비해 놓는다.

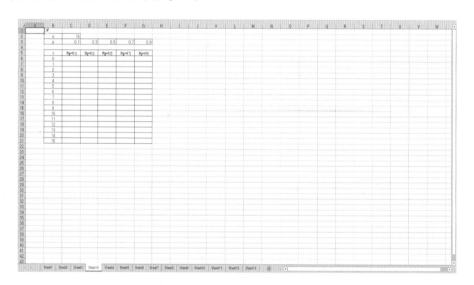

《순서 2》 이항분포 함수의 입력

(1) 셀 C6:G21 영역을 지정하고, 메뉴에서 [함수 마법사] 아이콘을 선택한다.

(2) [함수 마법사] 대화상자가 나타나면,

       범주 선택(C)　: 통계

       함수 선택(N)　: BINOM.DIST

를 선택하고 [확인] 버튼을 클릭한다.

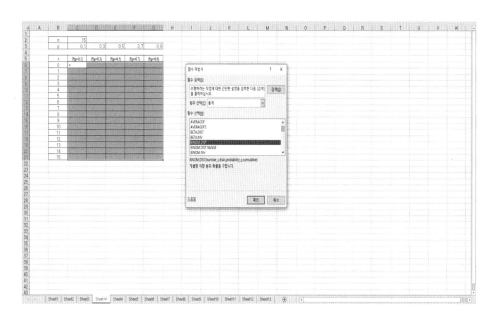

(3) [BINOM.DIST] 함수 입력상자가 나타나면,

    Number_s   : B6:B21

    Trials   : C2

    Probability_s : C3:G3

    Cumulative   : 0

를 지정한다.

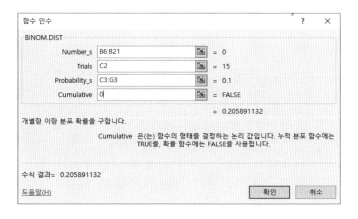

(4) Ctrl + Shift + Enter↵ 키를 누른다.

    셀 C6:G21 영역에 배열식 {=BINOM.DIST(B6:B21, C2, C3:G3, 0)}이 입력된다.

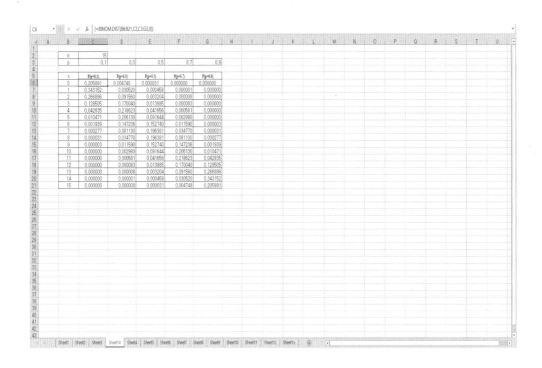

C6 | × ✓ ƒx | {=BINOM.DIST(B6:B21,C2:C3:G3,0)}

x	P(p=0.1)	P(p=0.3)	P(p=0.5)	P(p=0.7)	P(p=0.9)
0	0.205891	0.004748	0.000031	0.000000	0.000000
1	0.343152	0.030520	0.000458	0.000001	0.000000
2	0.266896	0.091560	0.003204	0.000008	0.000000
3	0.128505	0.170040	0.013885	0.000083	0.000000
4	0.042835	0.218623	0.041656	0.000581	0.000000
5	0.010471	0.206130	0.091644	0.002980	0.000000
6	0.001939	0.147236	0.152740	0.011590	0.000003
7	0.000277	0.081130	0.196381	0.034770	0.000031
8	0.000031	0.034770	0.196381	0.081130	0.000277
9	0.000003	0.011590	0.152740	0.147236	0.001939
10	0.000000	0.002980	0.091644	0.206130	0.010471
11	0.000000	0.000581	0.041656	0.218623	0.042835
12	0.000000	0.000083	0.013885	0.170040	0.128505
13	0.000000	0.000008	0.003204	0.091560	0.266896
14	0.000000	0.000001	0.000458	0.030520	0.343152
15	0.000000	0.000000	0.000031	0.004748	0.205891

(n = 15, p: 0.1, 0.3, 0.5, 0.7, 0.9)

《순서 3》 이항분포 그래프의 작성

(1) 셀 C5:G21 영역을 지정하고, [삽입]을 클릭한다.

(2) 꺾은선형 네 번째 유형을 선택한다.

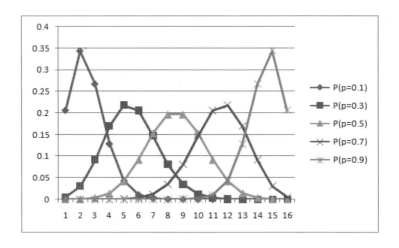

(3) 가로축 눈금을 조정하고 차트 제목, 축 제목 등을 입력한다.

(4) 그래프를 수정·완성한다.

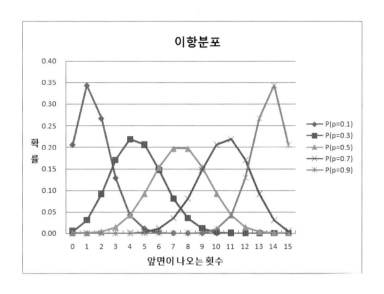

2. 포아송 분포

포아송 분포

포아송 분포(Poisson distribution)는 단위시간이나 단위공간에서 어떤 사상이 발생할 확률을 구하기 위해 이용된다. 예를 들면 단위시간 내에 찾아오는 고객의 수, 단위면적당 직물의 결함수, 어떤 지역의 하루 교통사고 건수 등은 모두 포아송 분포를 따른다.

이러한 포아송 분포는 다음과 같은 전제조건을 가지고 있다.

(1) 단위시간이나 단위공간에서 사상이 발생할 확률은 동일하다.
(2) 두 개 이상의 사상이 극히 작은 공간에서 발생할 확률은 무시할 정도로 작다.
(3) 단위시간이나 단위공간 내 사상의 발생은 서로 독립적이다.

위와 같은 조건을 만족시키는 포아송 분포에서 가장 중요한 모수(parameter)는 '단위시간당 평균 발생률 λ(lambda)'로서 단위시간당 평균 발생횟수로 정의한다. 포아송 분포의 확률함수는 다음과 같이 정의된다.

$$P(X;\lambda) = \frac{\lambda^x e^{-\lambda}}{x!}, \ \ x = 0, \ 1, \ 2, \ 3, \ \cdots$$

여기에서 x : 발생횟수

λ : 평균 발생횟수

e : 2.71828⋯

단, x는 0보다 큰 상수, $0 < \lambda < \infty$

Excel에서의 포아송 분포 함수는 POISSON.DIST(x, λ, c)이다.

포아송 분포의 기대값, 분산 및 표준편차

$$E(X) = \lambda$$
$$\sigma^2 = V(X) = \lambda$$
$$\sigma = \sqrt{\lambda}$$

포아송 분포의 확률함수는 이항분포의 확률함수로부터 유도될 수 있다. 이를 위해 X가 모수 (n, p)를 가진 이항확률변수이고, $\lambda = np$라고 하자.

이때,

$$P(X=x) = {}_nC_x p^x (1-p)^{n-x}$$
$$= \frac{n!}{(n-x)!x!} p^x (1-p)^{n-x}$$
$$= \frac{n!}{(n-x)!x!} \left(\frac{\lambda}{n}\right)^x \left(1-\frac{\lambda}{n}\right)^{n-x}$$
$$= \frac{n(n-1)\ldots(n-x+1)}{n^x} \frac{\lambda^x}{x!} \frac{(1-\lambda/n)^n}{(1-\lambda/n)^x}$$

여기에서 $n \to \infty$, $p \to 0$일 때 다음과 같다.

$$\left(1-\frac{\lambda}{n}\right)^n \approx e^{-\lambda}, \ \ \frac{n(n-1)\ldots(n-x+1)}{n^x} \approx 1, \ \ \left(1-\frac{\lambda}{n}\right)^x \approx 1$$

포아송 분포를 이항분포로부터 유도하는 과정에서 알 수 있듯이 n이 크고 p가 작으면 포아송 분포와 이항분포는 거의 유사한 확률값을 갖게 된다. 일반적으로 $\lambda = np < 5$이면 포아송 분포와 이항분포는 거의 같은 확률값을 갖는다.

Excel의 포아송 분포 함수

$$\text{POISSON.DIST}(x, \ \lambda, \ c)$$

x : 발생횟수

λ : 평균 발생횟수

c : 1 or 0(TRUE or FALSE)

- True일 때에는 x회 이하 발생할 확률
- False일 때에는 x회 발생할 확률

을 계산한다. 예를 들면,

POISSON.DIST(3, 10, TRUE) = 0.0103

POISSON.DIST(3, 10, FALSE) = 0.0076

|예제| 7-4

어떤 이발소에 1시간에 평균 3명의 손님이 찾아오고 있다. 1시간에 찾아오는 손님의 수를 x라고 할 때, 다음의 확률을 각각 구하라.

(1) P($X = 4$)

(2) P($X \leq 4$)

(3) P($X \geq 4$) = 1-P($X \leq 3$)

Excel에 의한 해법

《순서 1》 기본 데이터의 입력

다음과 같이 주어진 데이터를 입력한다.

	A	B	C	D	E	F	G	H	I	J	K	L
1												
2		λ	3									
3												
4		P(x = 4)										
5		P(x <= 4)										
6		P(x >= 4)										
7												
8												
9												
10												

《순서 2》 $P(X=4)$의 계산

(1) 셀 C4를 지정한 다음에 메뉴에서 [함수 마법사]를 선택한다.
(2) [함수 마법사] 대화상자가 나타나면,

   범주 선택(C) : 통계
   함수 선택(N) : POISSON.DIST

   를 선택하고 [확인] 버튼을 클릭한다.

(3) [POISSON.DIST] 대화상자가 나타나면,

   X   : 4
   Mean   : 3
   Cumulative : 0

   를 입력하고 [확인] 버튼을 클릭한다.

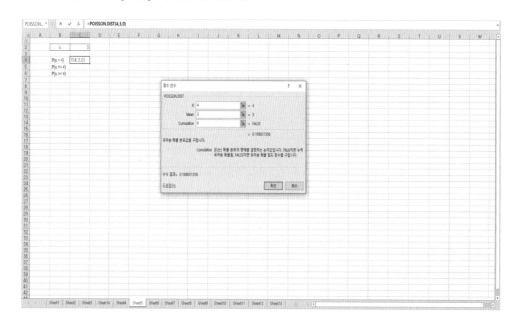

(4) 셀 C4에 포아송 분포 함수 '=POISSON.DIST(4, 3, 0)'이 입력된다.

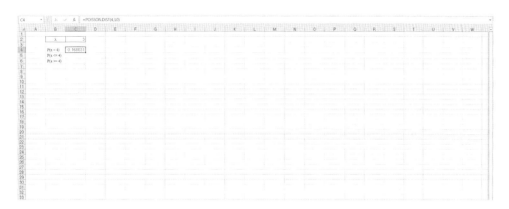

《순서 3》 $P(X \leq 4)$의 계산

(1) 셀 C5를 지정하고 위와 같은 방법으로 하여 [POISSON.DIST] 대화상자가 나타나면,

      X   : 4

      Mean   : 3

      Cumulative : 1

    을 입력하고 [확인] 버튼을 클릭한다.

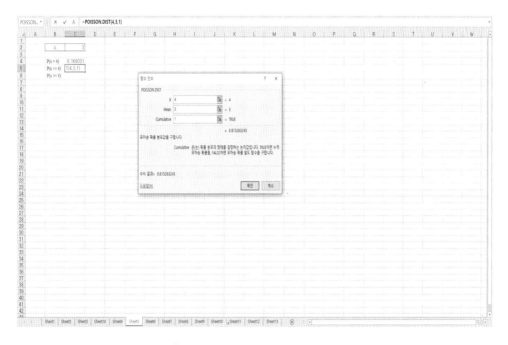

(2) 셀 C5에 포아송 분포 함수 '=POISSON.DIST(4, 3, 1)'이 입력된다.

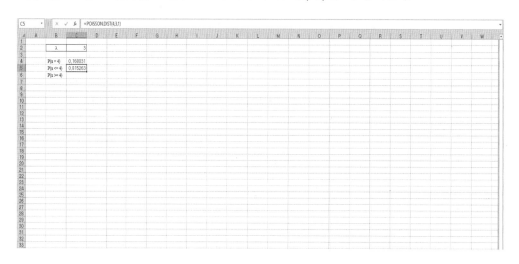

《순서 4》 $P(X \geq 4)$의 실행

(1) 셀 C6를 지정한 다음에 다음과 같은 수식을 입력한다.

=1-POISSON.DIST(3, 3, 1)

(2) 셀 C6에 $P(X \geq 4)$의 계산 결과가 입력된다.

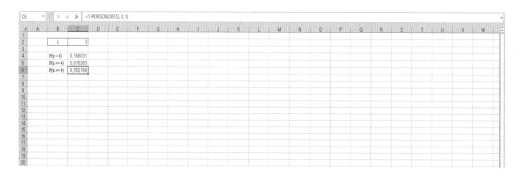

| 예제 | 7-5

포아송 분포함수에 의한 확률계산은 λ값이 커지게 되면 점점 복잡해진다. 그러므로 $\lambda = 20$까지의 확률을 미리 표로 만들어 사용하는데 이것을 포아송 분포표라고 한다.

$\lambda = 0.1, 0.2, \cdots, 0.9, 1.0, 1.5, \cdots, 4.5, 5.0$에 대한 포아송 분포표를 작성해 보라.

Excel에 의한 해법

《순서 1》 기본 데이터의 입력

다음과 같이 필요한 데이터를 입력한다.

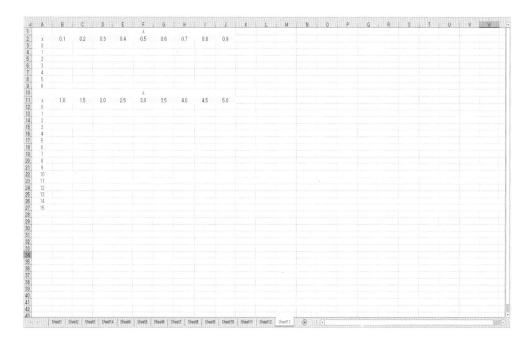

《순서 2》 λ = 0.1, 0.2, ⋯, 0.9일 때의 계산

(1) 셀 B3:J9 영역을 지정하고, [함수 마법사] 아이콘을 클릭한다.

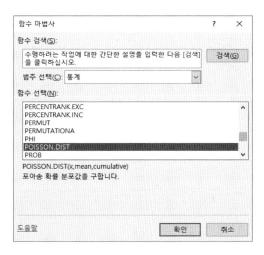

(2) [함수 마법사] 대화상자가 나타나면,

범주 선택(C) : 통계

함수 선택(N) : POISSON.DIST

를 선택하고 [확인] 버튼을 클릭한다.

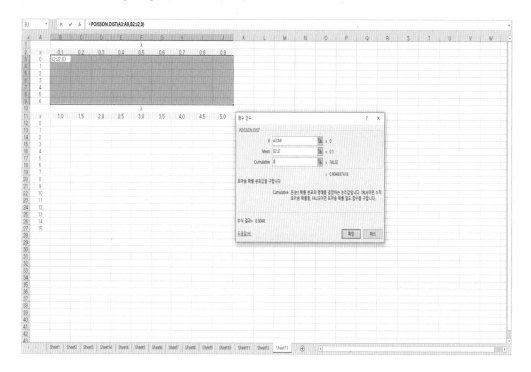

(3) [POISSON.DIST] 대화상자가 나타나면,

X   : A3:A9
Mean   : B2:J2
Cumulative : 0

를 입력한다.

(4) [Ctrl] + [Shift] + [Enter↵] 키를 누른다.

셀 B3:J9 영역에 배열식 {=POISSON.DIST(A3:A9, B2:J2, 0)}이 입력된다.

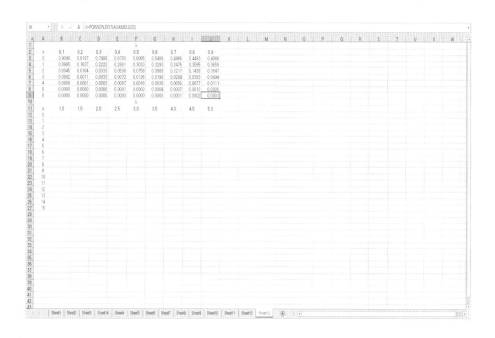

《순서 3》 λ= 1.0, 1.5, …, 5.0일 때의 계산

(1) 셀 B12:J27 영역을 지정하고, [함수 마법사] 아이콘을 클릭한다.

(2) [함수 마법사] 대화상자가 나타나면,

범주 선택(C) ： 통계

함수 선택(N) ： POISSON.DIST

를 선택하고 [확인] 버튼을 클릭한다.

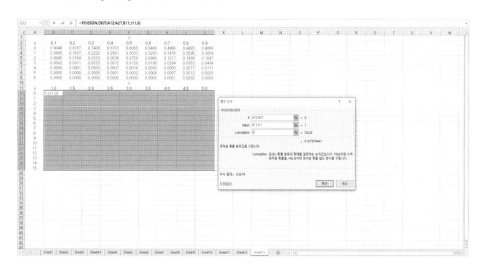

(3) [POISSON.DIST] 대화상자가 나타나면,

      X   : A12:A27

      Mean   : B11:J11

      Cumulative : 0

를 입력한다.

(4) Ctrl + Shift + Enter↵ 키를 누른다.

    셀 B12:J27 영역에 배열식 {=POISSON.DIST(A12:A27, B11:J11, 0)}이 입력된다.

x	0.1	0.2	0.3	0.4	0.5	0.6	0.7	0.8	0.9
0	0.9048	0.8187	0.7408	0.6703	0.6065	0.5488	0.4966	0.4493	0.4066
1	0.0905	0.1637	0.2222	0.2681	0.3033	0.3293	0.3476	0.3595	0.3659
2	0.0045	0.0164	0.0333	0.0536	0.0758	0.0988	0.1217	0.1438	0.1647
3	0.0002	0.0011	0.0033	0.0072	0.0126	0.0198	0.0284	0.0383	0.0494
4	0.0000	0.0001	0.0003	0.0007	0.0016	0.0030	0.0050	0.0077	0.0111
5	0.0000	0.0000	0.0000	0.0001	0.0002	0.0004	0.0007	0.0012	0.0020
6	0.0000	0.0000	0.0000	0.0000	0.0000	0.0000	0.0001	0.0001	0.0003

x	1.0	1.5	2.0	2.5	3.0	3.5	4.0	4.5	5.0
0	0.3679	0.2231	0.1353	0.0821	0.0498	0.0302	0.0183	0.0111	0.0067
1	0.3679	0.3347	0.2707	0.2052	0.1494	0.1057	0.0733	0.0500	0.0337
2	0.1839	0.2510	0.2707	0.2565	0.2240	0.1850	0.1465	0.1125	0.0842
3	0.0613	0.1255	0.1804	0.2138	0.2240	0.2158	0.1954	0.1687	0.1404
4	0.0153	0.0471	0.0902	0.1336	0.1680	0.1888	0.1954	0.1898	0.1755
5	0.0031	0.0141	0.0361	0.0668	0.1008	0.1322	0.1563	0.1708	0.1755
6	0.0005	0.0035	0.0120	0.0278	0.0504	0.0771	0.1042	0.1281	0.1462
7	0.0001	0.0008	0.0034	0.0099	0.0216	0.0385	0.0595	0.0824	0.1044
8	0.0000	0.0001	0.0009	0.0031	0.0081	0.0169	0.0298	0.0463	0.0653
9	0.0000	0.0000	0.0002	0.0009	0.0027	0.0066	0.0132	0.0232	0.0363
10	0.0000	0.0000	0.0000	0.0002	0.0008	0.0023	0.0053	0.0104	0.0181
11	0.0000	0.0000	0.0000	0.0000	0.0002	0.0007	0.0019	0.0043	0.0082
12	0.0000	0.0000	0.0000	0.0000	0.0001	0.0002	0.0006	0.0016	0.0034
13	0.0000	0.0000	0.0000	0.0000	0.0000	0.0001	0.0002	0.0006	0.0013
14	0.0000	0.0000	0.0000	0.0000	0.0000	0.0000	0.0001	0.0002	0.0005
15	0.0000	0.0000	0.0000	0.0000	0.0000	0.0000	0.0000	0.0001	0.0002

| 예제 | 7-6

어느 도시의 하루 교통사고 사망자 수는 $\lambda = 1.5$인 포아송 분포에 따른다고 한다. 위의 포아송 분포표를 이용하여 하루 동안에 교통사고로 세 명이 죽을 확률과 다섯 명 이상 죽을 확률을 각각 구하라.

(1) $\lambda = 1.5$와 $x = 3$이 만나는 셀의 값은 0.1255가 된다.

    $P(X = 3) = 0.1255$

(2) $P(X \geq 5) = P(X = 5) + P(X = 6) + P(X = 7) + P(X = 8) + P(X = 9)$

      $= 0.0141 + 0.0035 + 0.0008 + 0.0001 + 0.0000 = 0.0185$

포아송 분포 그래프($\lambda = 0.1$, $\lambda = 0.3$, $\lambda = 0.6$, $\lambda = 0.9$)

위에서 작성한 포아송 분포표를 이용하여 여러 가지 유형의 포아송 분포 그래프를 작성할 수 있다. 그래프의 모양을 통하여 포아송 분포의 특성을 간파할 수 있다. 먼저 $\lambda = 0.1, \lambda = 0.3, \lambda = 0.6, \lambda = 0.9$일 때의 그래프를 작성하기로 한다.

《순서 1》 기본표의 작성

앞에서 작성한 포아송 분포표를 준비해 놓는다.

《순서 2》 포아송 분포 그래프의 작성

(1) 셀 B3:B9, D3:D9, G3:G9, J3:J9 영역을 지정하고, 메뉴에서 [삽입]을 선택한다.
(2) 차트 영역에서 꺾은선형 네 번째 유형을 선택한다.

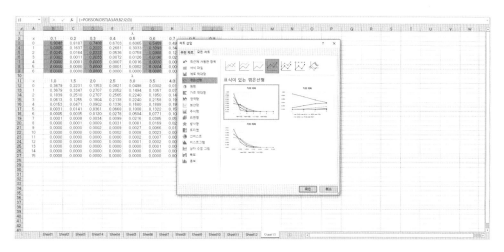

(3) 다음과 같은 그래프가 출력된다.

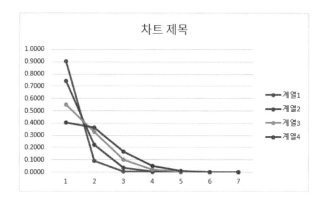

(4) 차트 제목, 축 제목 등을 입력한다.

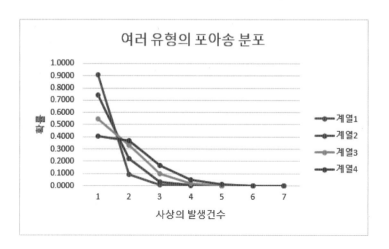

(5) 계열 1~계열 4의 이름을 다음과 같이 변경하여 입력한다.

계열 1 : lambda = 0.1

계열 2 : lambda = 0.3

계열 3 : lambda = 0.6

계열 4 : lambda = 0.9

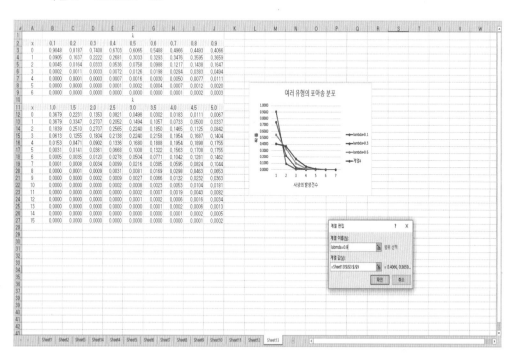

(6) 가로축의 레이블을 변경한다.

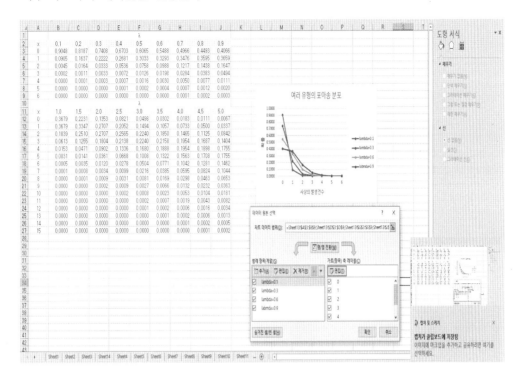

(7) 그래프를 수정·완성한다.

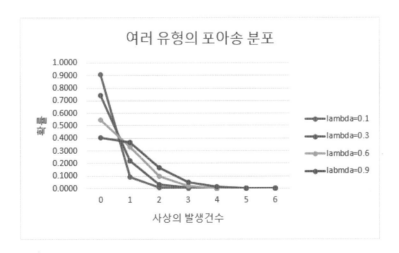

포아송 분포 그래프($\lambda = 1.0$, $\lambda = 2.0$, $\lambda = 3.5$, $\lambda = 5.0$)

이번에는 $\lambda = 1.0, \lambda = 2.0, \lambda = 3.5, \lambda = 5.0$일 때의 그래프를 작성하기로 한다.

《순서 1》 기본표의 작성

앞에서 작성한 포아송 분포표를 준비해 놓는다.

《순서 2》 포아송 분포 그래프의 작성

(1) 셀 B12:B27, D12:D27, G12:G27, J12:J27 영역을 지정하고, 메뉴에서 [삽입]을 선택한다.

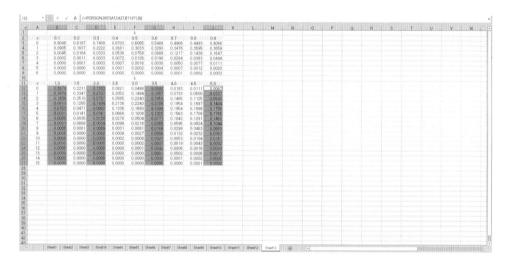

(2) 차트 영역에서 꺾은선형 네 번째 유형을 선택한다.

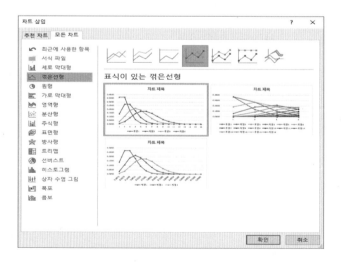

(3) 다음과 같은 그래프가 출력된다.

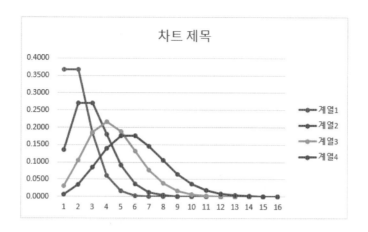

(4) 계열 1~계열 4의 이름을 다음과 같이 변경하여 입력한다.

　　계열 1 　: lambda = 1.0

　　계열 2 　: lambda = 2.0

　　계열 3 　: lambda = 3.5

　　계열 4 　: lambda = 5.0

(5) 차트 제목, 축 제목을 입력하고 가로축의 레이블을 변경한다.

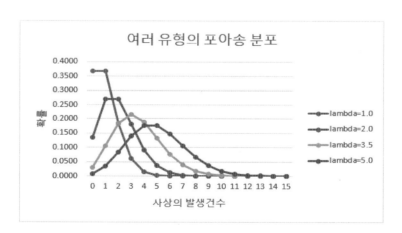

🐦 초기하분포

초기하분포(hypergeometric distribution)는 시행이 독립적이지 않다는 것을 제외하고는 이항분포와 유사하다. 즉, 초기하분포는 유한모집단으로부터 비복원추출을 한다는 가정 하에 확률변수가 갖는 분포이며, 이항분포는 복원추출 또는 무한모집단으로부터 표본을 추출한다는 조건 하에 적용되는 확률분포이다.

초기하분포의 확률함수를 유도하기 위해서, 모집단이 유한한 비복원추출을 만족하는 경우 총 N개로 구성된 모집단에 a개의 불량품과 b개의 양품이 있다고 하자. 여기서 표본 n개를 추출할 때, x개의 불량품이 포함되어 있을 확률은

$$P(x\,;\,n,\,a,\,N) = \frac{\binom{a}{x}\binom{b}{n-x}}{\binom{N}{n}}$$

으로 정의된다. 여기에서

분모 $\binom{N}{n}$: 총 N개 중에서 n개를 추출하는 총방법의 수

분자 $\binom{a}{x}$: 불량품 a개에서 x개를 추출하는 방법의 수

$\binom{b}{n-x}$: 표본 중 나머지 $(n-x)$개는 양품 b개에서 추출하는 방법의 수를 나타낸다.

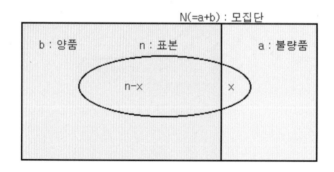

Excel에서의 초기하분포 함수는 HYPGEOM.DIST$(x,\ n,\ a,\ N)$이다.

초기하분포의 기대값, 분산 및 표준편차

$$E(X) = n\frac{a}{N} = np$$

$$\sigma^2 = V(X) = n\frac{a}{N}\frac{b}{N}\frac{N-n}{N-1} = npq\frac{N-n}{N-1}$$

$$\sigma = \sqrt{n\frac{a}{N}\frac{b}{N}\frac{N-n}{N-1}} = \sqrt{npq\frac{N-n}{N-1}} \ \ 단,\ p = \frac{a}{N},\ q = \frac{b}{N},\ N = a+b$$

여기에서 모집단이 무한히 크면 초기하분포는 이항분포에 접근하게 된다. 즉,

$$\lim_{N \to \infty} \frac{N-n}{N-1} = 1$$

이 되므로 이항분포의 평균과 분산에 일치한다. 일반적으로 $n \le (0.05)(a+b)$이면 이항분포를 이용하여 계산한 결과와 거의 유사하다.

| 예제 | 7-7

K 백화점의 16대 운송 트럭 중에서 5대가 기준치 이상의 매연을 방출하고 있다. 만약 검사를 위해서 8대의 트럭이 무작위로 추출되었다면 기준치 이상의 매연을 방출하는 트럭이 적어도 3대 이상 포함될 확률은 얼마인가?

🖱 계산방식

$$P(3;8,5,16) = \frac{\binom{a}{x}\binom{b}{n-x}}{\binom{N}{n}} = \frac{\binom{5}{3}\cdot\binom{11}{5}}{\binom{16}{8}} = \frac{4,620}{12,870} = 0.359$$

$$P(4;8,5,16) = \frac{\binom{a}{x}\binom{b}{n-x}}{\binom{N}{n}} = \frac{\binom{5}{4}\cdot\binom{11}{4}}{\binom{16}{8}} = \frac{1,647}{12,870} = 0.128$$

$$P(5;8,5,16) = \frac{\binom{a}{x}\binom{b}{n-x}}{\binom{N}{n}} = \frac{\binom{5}{5}\cdot\binom{11}{3}}{\binom{16}{8}} = \frac{167}{12,870} = 0.013$$

따라서 $P(3) + P(4) + P(5) = 0.359 + 0.128 + 0.013 = 0.500$

| D8 | ▼ | × | ✓ | fx | =HYPGEOM.DIST(D3, D4, D5, D6, 0) |

	A	B	C	D	E	F
3	표본 해연차 수		x	3	4	5
4	표본 크기		n	8	8	8
5	모집단 해연차 수		a	5	5	5
6	모집단 크기		N	16	16	16
7						
8			P(x)	0.359	0.128	0.013
9			ΣP(x)			0.500

| 예제 | 7-8

A기업에서는 6명의 남자와 4명의 여자로 구성된 10명의 지원자들로부터 신입사원 3명을 선발하고자 한다. x는 고용된 여사원의 수라고 한다.

(1) x의 평균과 표준편차를 구하라.

(2) x에 대한 확률분포를 구하라.

✅ 계산방식

(1) X는 $N = 10$, $n = 3$, $a = 4$인 초기하분포의 확률변수이므로 평균과 표준편차는 다음과 같이 구한다.

$$E(X) = n\frac{a}{N} = 3\frac{4}{10} = 1.2$$

$$\sigma = \sqrt{n\frac{a}{N}\frac{b}{N}\frac{N-n}{N-1}} = \sqrt{3\frac{4}{10}\frac{10-4}{10}\frac{10-3}{10-1}} = 0.748$$

(2) 다음의 확률을 구하면 된다.

$$P(X=0) = \frac{\binom{a}{x}\binom{b}{n-x}}{\binom{N}{n}} = \frac{\binom{4}{0}\binom{10-4}{3-0}}{\binom{10}{3}} = \frac{1}{6}$$

$$P(X=1) = \frac{\binom{a}{x}\binom{b}{n-x}}{\binom{N}{n}} = \frac{\binom{4}{1}\binom{10-4}{3-1}}{\binom{10}{3}} = \frac{1}{2}$$

$$P(X=2) = \frac{\binom{a}{x}\binom{b}{n-x}}{\binom{N}{n}} = \frac{\binom{4}{2}\binom{10-4}{3-2}}{\binom{10}{3}} = \frac{3}{10}$$

$$P(X=3) = \frac{\binom{a}{x}\binom{b}{n-x}}{\binom{N}{n}} = \frac{\binom{4}{3}\binom{10-4}{3-3}}{\binom{10}{3}} = \frac{1}{30}$$

Excel에 의한 해법

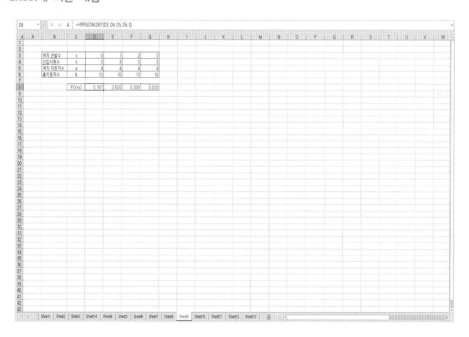

[셀의 입력내용]

D8; =HYPGEOM.DIST(D3, D4, D5, D6)

E8; =HYPGEOM.DIST(E3, E4, E5, E6)

F8; =HYPGEOM.DIST(F3, F4, F5, F6)

G8; =HYPGEOM.DIST(G3, G4, G5, G6)

Hint

초기하분포는 표본이 추출된 모집단의 총 항목 수를 알고 있을 때 고정 표본 크기의 사건 수를 모형화하는 이산형분포이다. 각 표본 항목의 가능한 결과는 두 개(사건 또는 비사건)이다. 표본은 비복원이므로 표본의 모든 항목이 서로 다르다.

확률분포 그래프 작성

《순서 1》 그래프의 작성

(1) 셀 D8:G8 영역을 지정하고, 메뉴에서 [삽입]을 선택한다.

(2) 차트 영역에서 세로 막대형 첫 번째 유형을 선택한다.

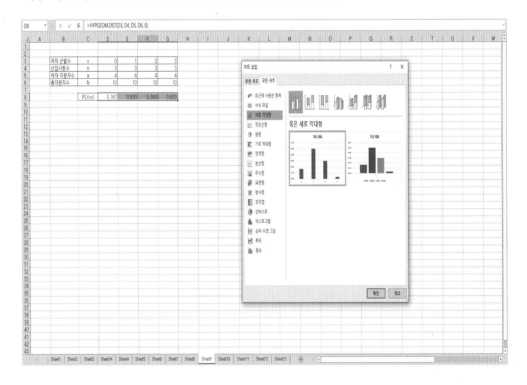

(3) 다음과 같은 그래프가 출력된다.

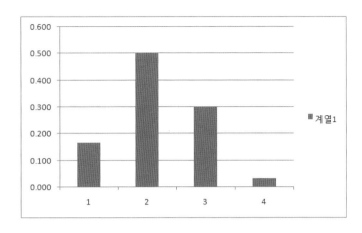

《순서 2》 그래프의 수정

그래프를 다음과 같이 수정·완성한다.

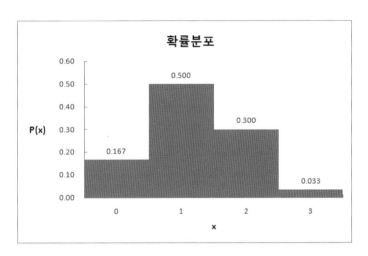

Hint

초기하분포는 비교적 작은 모집단에서 비복원으로 추출되는 표본에 사용된다. 예를 들어 초기하분포는 두 비율 간의 차이를 검사하는 Fisher의 정확검정과 유한한 크기의 고립된 로트에서 표본을 추출하는 계수형 합격 표본추출에 사용된다. 어떤 공장의 생산 공정의 품질검사에 있어서 n개를 추출하여 품질검사를 시행한다고 하자. 여기서 만약에 전체 제품의 수가 거의 무한대여서 너무 큰 숫자이거나, n개를 추출하지만 이 추출된 것의 검사가 끝나고, 복원을 하게 되면, 불량률은 매 검사마다 같은 확률을 가지게 된다.

Chapter 08

연속확률분포

Chapter 08

연속확률분포

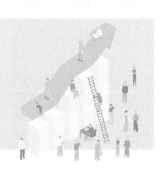

1. 정규분포

확률밀도함수

　연속확률변수는 체중, 신장, 성적 등과 같이 어느 일정한 범위 내에서 무수히 많은 값을 가질 수 있다. 따라서 어느 범위 내 하나의 점에 대한 확률을 논의할 수 없다. 그 대신에 어떤 구간에 대한 확률을 면적계산에 의하여 구할 수 있다. 다음의 그림에서와 같이 곡선으로 나타낸 함수식을 확률밀도함수(probability density function)라고 하며 $f(x)$로 표시한다.

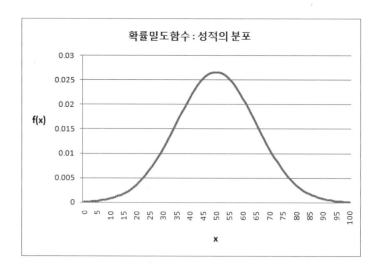

확률밀도함수는 다음과 같은 성질을 갖고 있다.

(1) 확률밀도함수 아래의 전체 면적의 합은 1이다.
(2) 연속확률변수가 어떤 특정한 값을 가질 확률은 0이다. 왜냐하면 어떤 특정한 값에 해당하는 면적은 0이기 때문이다. 예를 들어 체중이 72kg이라고 할 때, 그 정확한 값은 72.000101123……과 같이 소수점 이하의 자릿수를 무한히 생각할 수 있는데 이 값에 해당하는 사람은 거의 없을 것이다.
(3) 연속확률변수가 어느 특정한 값을 가질 확률은 0이기 때문에 다음의 식이 성립한다. 즉, 연속확률변수에 있어서 등호는 별로 의미가 없다.

$$P(a \leq X \leq b) = P(a < X \leq b) = P(a \leq X < b) = P(a < X < b)$$

연속확률변수의 확률은 면적에 의하여 계산되기 때문에 적분하여 구해야 한다. 다시 말하면 확률함수가 $f(x)$인 연속확률분포에서 x가 a에서 b까지의 면적은 다음과 같이 계산된다.

$$P(a \leq X \leq b) = \int_a^b f(x)dx$$

확률함수 $f(x)$가 주어지면 적분에 의해서 확률을 구해야 하지만 함수에 따라서는 계산이 대단히 복잡하기 때문에, 자주 이용되는 분포에 대해서는 미리 확률을 계산하여 표로 만들어 사용하고 있다.

경우에 따라서는 연속확률변수에 대한 누적확률이 필요할 때가 있다. 연속확률변수의 누적확률함수(cumulative probability function)는 $F(x)$로 표시하며 다음과 같이 정의한다.

$$F(x) = P(X \leq x), \ -\infty < x < +\infty$$

즉, 누적확률함수 $F(x)$는 확률변수 X가 x와 같거나 x보다 작은 값을 가질 확률을 말한다. 따라서 $F(x)$는 x값의 왼쪽 전체 면적에 해당된다. $F(x)$ 값은 0과 1 사이에 존재하며 1을 초과할 수 없다. 또한 누적확률함수의 모양은 확률함수가 어떤 모양을 가지느냐에 따라서 달라진다.

정규분포

정규분포(normal distribution)는 통계학에 있어서 제일 중요한 분포 중 하나이다. 현실 세계의 많은 무작위 시행은 정규확률변수에 가까운 경우가 많다. 정규분포에 따르지 않는 관찰결과가 얻어진 경우, 그것은 데이터가 부족하다든지 혹은 데이터의 수집방법이 나쁘기 때문이라고 하는 19세기의 '정규분포신앙'은 사라졌다. 그러나 정규분포가 통계학에서 가장 중요한 분포라는 것은 분명하다. 그것은 다음과 같은 이유 때문이다.

(1) 정규분포에 따르는 확률현상은 극히 많다.

(2) 통계이론의 기초가 되고 있는 수많은 특성을 갖고 있다(검정이나 추정의 대부분은 정규모집단 혹은 표본분포가 정규분포를 하는 것을 기초로 하고 있다).

(3) 비정규분포의 대부분은 극한상태에 있어서 정규분포에 가까워진다.

(4) 표본평균 $\bar{x}$의 분포에 전형적으로 나타나는 것처럼 서로 독립적으로 작용하는 다수의 우연적인 요인이 있고, 각 요인의 전체에 대한 영향이 아주 작을 때 이들 제 요인의 총합은 정규분포를 한다(중심극한정리).

(5) 변수변환에 의해서 정규분포에 따르게끔 되는 예가 상당히 많다(예를 들면 X의 로그변환 $\log_e X$가 정규분포를 하는 대수정규분포).

정규확률변수는 연속확률변수로서 $-\infty$와 $+\infty$ 사이에 어떠한 값도 가질 수 있다. 그러나 실제로 정규확률변수 X는 제한된 범위 내의 값을 갖게 된다. 정규분포의 확률밀도함수는 다음과 같다.

$$f(x) = \frac{1}{\sigma\sqrt{2\pi}} e^{-\frac{1}{2}\left(\frac{x-\mu}{\sigma}\right)^2}$$

여기에서,

$-\infty < x < +\infty$

μ : 평균

σ : 표준편차

$\pi = 3.14159\cdots$

$e = 2.71828\cdots$

위의 식을 보면 분포의 평균 μ와 분포의 표준편차 σ를 제외하고는 모두 상수이므로 결국 μ와 σ에 의해서 정규분포의 모양이 결정된다는 것을 알 수 있다. 즉, 정규분포의 모수(parameter)는 μ와 σ이다.

$$
\begin{array}{c}
\text{정규분포의 평균, 분산 및 표준편차} \\[4pt]
E(X) = \mu \\[4pt]
\sigma^2(X) = V(X) = \sigma^2 \\[4pt]
\sigma(X) = \sqrt{\sigma^2(X)} = \sigma
\end{array}
$$

분산을 나타내는 식에서 $\sigma^2(X)$는 확률변수 X의 분산을 표시하는 기호이며 σ^2은 정규분포의 분산을 나타내는 구체적인 값이다. 평균이 μ이고 분산이 σ^2인 정규분포를 흔히 $N(\mu, \sigma^2)$으로 표기한다.

<그림 8-1>은 평균이 다르고 분산이 같은 정규분포를 나타내고, <그림 8-2>는 평균은 같으나 분산이 다른 정규분포를 나타내고 있다.

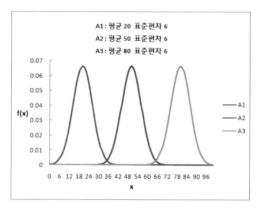

| 그림 8-1 | 평균이 다르고 분산이 같은 정규분포

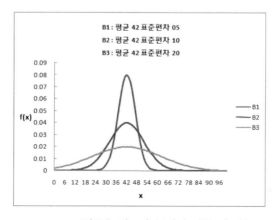

| 그림 8-2 | 평균은 같으나 분산이 다른 정규분포

○ Excel의 정규분포 함수

$$\text{NORM.DIST}(x, \ \mu, \ \sigma, \ c)$$

μ : 평균

σ : 표준편차

c : 1 or 0(TRUE or FALSE)

- True일 때에는 x 이하 발생할 확률
- False일 때에는 x가 발생할 확률

을 계산한다.

원래 정규분포에서는 이산확률분포에서와 같이 c가 0(FALSE)인 경우는 존재하지 않는다. 즉, 연속확률변수가 어떤 특정한 값을 가질 확률은 0이다. 왜냐하면 어떤 특정한 값에 해당하는 면적은 0이기 때문이다. 그러나 정규분포의 그래프를 그리기 위해서 0(FALSE)을 입력하면 곡선의 위치를 알 수 있다. 예를 들면,

NORM.DIST(67, 60, 6, 0) = 0.03367

NORM.DIST(67, 60, 6, 1) = 0.87833

| 예제 | 8-1

2020년도 대학입학 수능고사의 성적은 평균이 390점이고 표준편차가 25점인 정규분포를 따른다고 한다. 수능고사를 본 K고등학교 3학년생 L군을 임의로 선택했을 때 다음의 각각을 구하라.

(1) L군의 성적이 390점 이상일 확률

(2) L군의 성적이 354점에서 430점 사이에 있을 확률

(3) L군의 성적이 430점 이상일 확률

(4) L군의 성적이 360점 이하이거나 430점 이상일 확률

(5) L군의 성적이 상위 3% 이내에 들기 위한 점수

(6) L군의 성적이 상위 5%에서 8% 사이에 있을 점수의 범위

Excel에 의한 해법

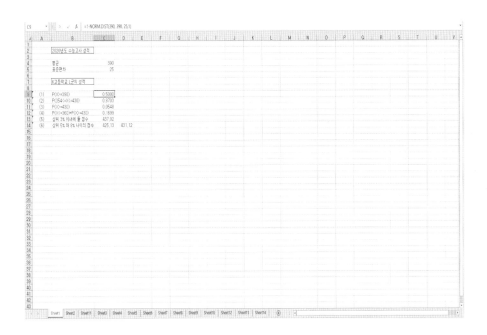

[셀의 입력내용]

C9; = 1 - NORM.DIST(390, 390, 25, 1)

C10; = NORM.DIST(430, 390, 25, 1) - NORM.DIST(354, 390, 25, 1)

C11; = 1 - NORM.DIST(430, 390, 25, 1)

C12; = NORM.DIST(360, 390, 25, 1) + 1 - NORM.DIST(430, 390, 25, 1)

C13; = NORM.INV(0.97, 390, 25)

C14; = NORM.INV(0.92, 390, 25)

D14; = NORM.INV(0.95, 390, 25)

위의 결과는 NORM.DIST( ) 함수를 사용하여 각각의 점수 범위에 대한 확률을 구한 것이다. 그리고 상위 3% 이내에 들기 위한 점수는 결국 누적확률이 97%가 되는 점수 x를 구하라는 것과 같다. NORM.INV(p, μ, σ) 함수를 이용한다.

$$\text{NORM.INV}(p, \ \mu, \ \sigma)$$
$$= \text{NORM.INV}(0.97, \ 390, \ 25)$$
$$= 337.0197$$

정규분포표 및 그래프의 작성

NORM.DIST( ) 함수를 이용하여 수능고사 성적에 대한 정규분포표와 그래프를 작성한다.

《순서 1》 기본 데이터의 준비

(1) 다음과 같이 주어진 데이터를 입력한다.

(2) 정규분포표를 작성할 준비를 한다.

점수 x는 0에서 500까지 입력한다. 셀 C7, D7에 각각 '정규확률', '누적 정규확률'이라고 입력한다.

《순서 2》 함수의 입력 및 정규확률의 산출

(1) 셀 C8에 함수 '= NORM.DIST($B8, 390, 25, 0)'를 입력한다.
셀 D8에 함수 '= NORM.DIST($B8, 390, 25, 1)'를 입력한다.

(2) 셀 C8:D8 영역을 셀 C408:D408 영역까지 복사한다.

(3) 정규확률 및 누적 정규확률의 산출

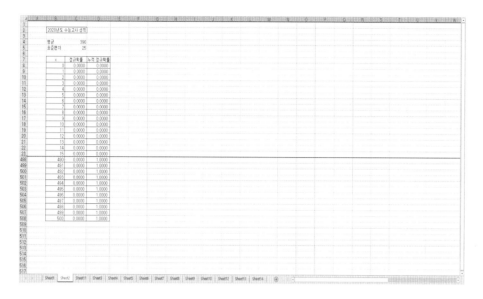

《순서 3》 정규분포 그래프의 작성

(1) 셀 C7:C408 영역을 지정하고 메뉴에서 [삽입]을 클릭한다.

(2) 차트 영역에서 꺾은선형 첫 번째를 선택한다.

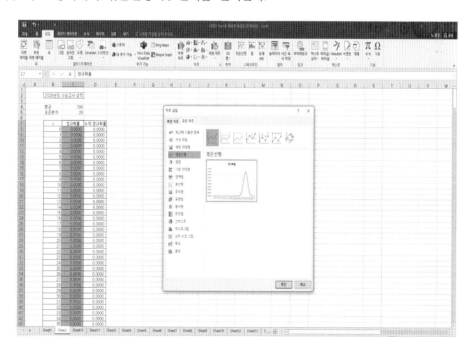

(3) 차트가 출력되면 차트 영역에서 마우스 오른쪽 버튼을 클릭한 후 [데이터 선택(E)]을 클릭한다.

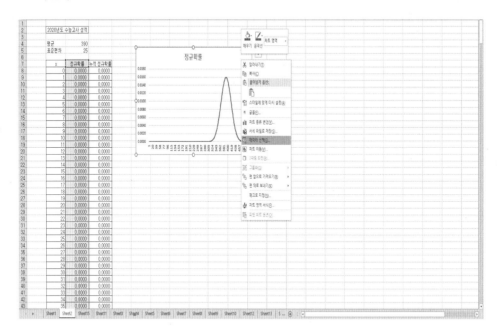

(4) 다음과 같은 [데이터 원본 선택] 대화상자가 나타난다.

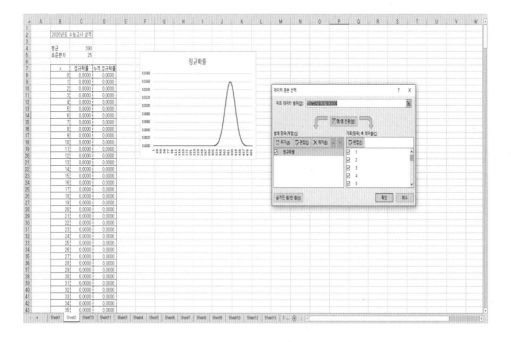

(5) 위의 [데이터 원본 선택] 대화상자에서 '가로(항목) 축 레이블(C)'의 [편집 (T)] 버튼을 클릭한 후, '축 레이블 범위'를 다음과 같이 영역을 지정한 다음 [확인] 버튼을 클릭한다.

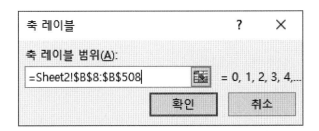

(6) 가로축 눈금을 조정하여 그래프를 완성한다.

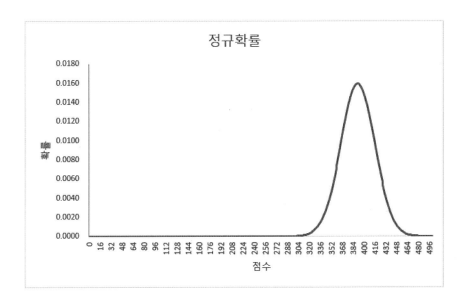

> **Hint**
>
> 정규확률분포는 대칭이어서 평균 왼쪽의 정규곡선 모양은 평균 오른쪽의 정규곡선 모양과 거울에 비춘 것처럼 똑같다. 정규곡선의 꼬리는 양쪽을 향해 무한대로 뻗어나가며 이론적으로는 가로축에 절대 닿지 않는다. 정규확률분포는 대칭이고 기울어져 있지 않으므로 왜도(skewness)는 0이다.

《순서 4》 누적 정규분포 그래프의 작성

(1) 정규분포 그래프의 작성방법과 같은 순서로 진행한다.

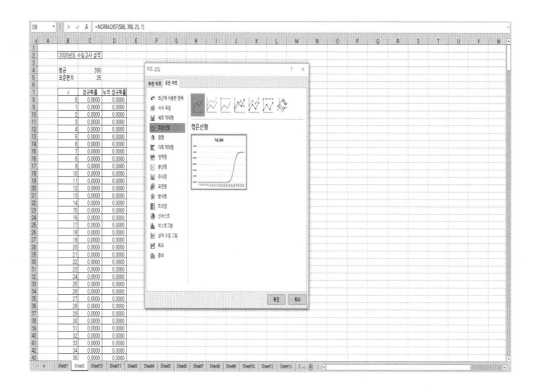

(2) 그래프의 수정·완성

그래프 수정방법에 의해서 차트 제목, 축 제목, 가로축 눈금 등을 적당히 수정하여 그래프를 완성한다.

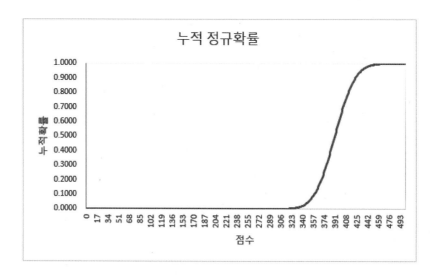

2. 표준 정규분포

표준화

전술한 바와 같이 정규분포는 평균과 표준편차에 따라서 중심의 위치와 산포의 정도가 달라지기 때문에 두 분포의 특성을 비교한다거나 확률을 계산하는 데에 불편이 따른다. 또한 비교하고자 하는 변수 간에 측정단위가 다른 경우에는 비교할 수도 없다. 그래서 두 분포를 평균 0, 분산 1(혹은 표준편차 1)인 정규분포로 변환시킨다.

정규분포 함수

$$f(x) = \frac{1}{\sigma\sqrt{2\pi}} e^{-\frac{1}{2}\left(\frac{x-\mu}{\sigma}\right)^2}, \ (-\infty < x < +\infty)$$

을 평균 0, 분산 1로 변환하면 다음과 같이 된다.

$$f(z) = \frac{1}{\sqrt{2\pi}} e^{-\frac{z^2}{2}}$$

평균과 표준편차가 서로 다른 정규분포를 동일한 평균과 표준편차(평균 0, 표준편차 1)로 변환시키는 과정을 '표준화한다(standardize)'고 말한다. 확률변수 X 대신에 Z를 사용하기 때문에 일반적으로 'Z - 분포'라고 부른다.

> 표준 정규분포는 $N(0, 1)$로 표기하고, 확률변수는 Z로 나타낸다. 표준화 변수변환식은 다음과 같다.
>
> $$z = \frac{x-\mu}{\sigma}$$

Hint

표준 정규분포로의 변환 필요성
- 정규분포(가우시안 분포)의 불편함
  - 평균 및 표준편차 값에 따라 중심 위치 및 전체 모양이 달라짐
    ▶ 2개 이상의 정규분포를 서로 비교할 때 또는 확률값 계산할 때에 매우 불편
- 따라서, 모든 정규분포를 표준적인 정규분포로 변환하여 사용이 바람직함
  - 즉, 평균이 0이고, 표준편차가 1로 변환된 정규화된 분포 ⇒ 표준 정규분포
    ▶ 어떤 관찰값이 평균으로부터 표준편차의 몇 배만큼 떨어져 있는가의 척도
- 표준 정규분포 및 정규분포의 공통점
  - 평균을 중심으로 좌우대칭이고 종 모양을 하는 점이 똑같으며,
  - 또한, 전체 면적이 1이고, 각 σ만큼의 면적이 변환 전후에도 같음

 S대학교 경영학과 신입생의 수능고사 성적 합격 커트라인은 2019년에 405점이고 2020년에는 417점으로 알려져 있다. 2019년의 전국 평균은 345점이고 표준편차는 30점이었다. 그리고 2020년의 평균은 390점이고 표준편차는 25점이었다. 두 해의 점수는 각각 정규분포에 따른다고 한다. 두 해의 점수를 표준화하여 어느 해의 점수가 더 우수하다고 할 수 있는지 비교해 보라.

- 2019년

  점수 x = 405

  평균 μ = 345

  표준편차 σ = 30

  $$z = \frac{x - \mu}{\sigma} = \frac{405 - 345}{30} = 2.00$$

- 2020년

  점수 x = 417

  평균 μ = 390

  표준편차 σ = 25

  $$z = \frac{x - \mu}{\sigma} = \frac{417 - 390}{25} = 1.08$$

 따라서 2020년도 점수가 2019년도 점수보다 겉으로는 높은 것 같지만 실은 2019년도 점수가 상대적으로 2020년도보다 더 우수하다고 할 수 있다.

Excel에 의한 정규분포의 표준화

Excel에서의 표준화 함수는 STANDARDIZE(x, μ, σ)이다.

《순서 1》 기본 데이터의 입력

다음과 같이 주어진 데이터를 입력한다.

▲	A	B	C	D	E	F	G	H	I	J
1										
2			2019년	2020년						
3		x	405	417						
4		평균(μ)	345	390						
5		표준편차(σ)	30	25						
6										
7		표준화 변수 z								
8										
9										
10										

《순서 2》 표준화 함수의 입력

(1) 셀 C7을 지정한다.

(2) '=STANDARDIZE(C3, C4, C5)' 함수를 입력한다.

C7	▼	⋮	×	✓	fx	=STANDARDIZE(C3,C4,C5)				

▲	A	B	C	D	E	F	G	H	I	J
1										
2			2019년	2020년						
3		x	405	417						
4		평균(μ)	345	390						
5		표준편차(σ)	30	25						
6										
7		표준화 변수 z	2.00							
8										
9										
10										

(3) 셀 C7을 셀 D7에 복사한다.

D7	▼	⋮	×	✓	fx	=STANDARDIZE(D3,D4,D5)				

▲	A	B	C	D	E	F	G	H	I	J
1										
2			2019년	2020년						
3		x	405	417						
4		평균(μ)	345	390						
5		표준편차(σ)	30	25						
6										
7		표준화 변수 z	2.00	1.08						
8										
9										
10										

🜄 중심극한정리

평균이 λ이고 분산이 σ^2인 같은 분포를 하는 독립적인 n개의 확률변수 X_1, X_2, $\cdots$, X_n의 합을 취해서 $Y = X_1 + X_2 + \cdots + X_n$이라고 하면, 이 합성된 확률변수 Y에 대한 분포의 평균은 $\mu_Y = n\lambda$, 분산은 $\sigma_Y{}^2 = n\sigma^2$이 된다. 그리고 이것을 표준화한 확률변수

$$Z = \frac{Y - \mu_Y}{\sigma_Y}$$

의 분포는 n이 커짐에 따라서 표준정규분포에 접근하게 되는데, 이것을 중심극한정리(central limit theorem)라고 한다. 보다 엄밀하게 말하면 어떤 조건 하에서

$$\lim_{n \to \infty} P\left\{ \frac{\displaystyle\sum_{i=1}^{n}(X_i - \mu_i)}{\sqrt{\displaystyle\sum_{i=1}^{n}\sigma_i{}^2}} \leq t \right\} = \frac{1}{\sqrt{2\pi}} \int_{-\infty}^{t} e^{-1/2 \cdot z^2} dz$$

이라는 것을 중심극한정리라고 한다. 단, $\{X_1,\ X_2,\ \cdots,\ X_n\}$은 평균 $\{\mu_1,\ \mu_2, \cdots,\ \mu_n\}$, 분산 $\{\sigma_1{}^2,\ \sigma_2{}^2,\ \cdots,\ \sigma_n{}^2\}$을 각각 갖는 독립적인 확률변수의 열이다.

이 정리에서는 n개 확률변수의 분포에 관해서, 평균과 분산이 유한하고 또한 일정하다는 사실 이외에 그 분포형을 특별히 고정하고 있지 않다는 점이 중요하다. 어떤 변수가 다른 무수한 변동요인에 의해서 영향을 받고 있는 경우, 그 요인의 영향이 상호독립이고 또한 어느 것인가가 특히 크다고 하는 사실이 없으면 이 중심극한정리가 근사적으로 적용되며, 그 변수의 분포로서 정규분포를 생각하는 경우가 많다.

중심극한정리는 비교적 느슨한 조건 하에서 성립하는데, 그래도 상황에 따라서는 충족되지 않는 경우가 있다는 사실에 주의할 필요가 있다. 예를 들면 다수문제항목으로 이루어지는 테스트의 점수에 대한 분포는 개개의 항목득점(1 혹은 0)에 관한 합의 분포인데, 항목 간 상관관계의 차이에 의해서 여러 가지의 분포가 만들어진다.

여기에서는 중심극한정리를 시뮬레이션(simulation ; 모의실험)을 통하여 보이는 방법에 대해서 설명한다. 예를 들어 평균 15cm의 소시지를 생산하고 있는 공장에서 소시지의 실제 길이는 14.5cm에서 15.5cm 사이에 균등하게 퍼져 있다. $n = 3$, $n = 6$, $n = 15$인 경우의 소시지를 임의로 선택하고 그 길이를 잰 후 평균길이를 기록하였다. 500번 표본을 추출한 후 표본평균의 분포를 그려 보면 평균길이의 분포는 n이 증가할수록 정규분포에 근사해 가는 경향이 있게 된다.

Excel에 의한 해법

(1) 1행과 2행에 이름을 기록한다(셀 E1에 '표본값'이라고 입력한 다음, 셀 B1:P1 영역을 범위 지정한 후 [병합하고 가운데 맞춤]을 클릭한다).

(2) 셀 A3에 1을 입력한다. 마우스 포인터로 셀 A3을 선택한 후 메뉴에서 [홈]-[편집]-[채우기]-[계열(S)]를 차례로 선택한다.

(3) [연속 데이터] 대화상자에서 [열(C)], [선형(L)] 난을 체크하고 [추세(T)] 난에 체크가 되어 있으면 없앤다. [단계 값(S)]에는 1, [종료 값(O)]에는 500을 입력하고 [확인] 버튼을 클릭한다.

(4) 셀 B3에 식 '=14.5+RAND(   )'를 입력한다. RAND(   ) 함수는 0과 1 사이의 일양분포 값을 생성하므로 이 식의 결과는 14.5와 15.5 사이의 값이 된다. 15cm로 생산되는 소시지의 실제 길이 값을 생성하기 위해서 기능 키 F9을 누르면 '=14.5+RAND(   )' 함수 값을 다시 계산해 준다.

(5) 셀 B3를 선택하여 P3까지 복사한다. F9 키를 누르면 임의로 15개의 소시지 길이 값이 재생된다.

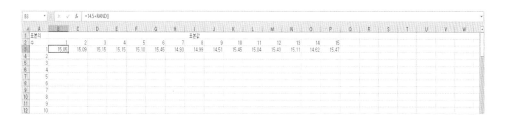

(6) 셀 Q3에 함수 '=AVERAGE(B3:D3)'를 입력한다.
　　셀 R3에 함수 '=AVERAGE(B3:G3)'를 입력한다.
　　셀 S3에 함수 '=AVERAGE(B3:P3)'를 입력한다.

$n = 3$, $n = 6$, $n = 15$인 경우의 소시지 길이의 평균을 시뮬레이션으로 생성하려면 F9 키를 누르면 된다.

(7) 셀 B3:S3 영역을 범위 지정하고 마우스의 오른쪽 버튼을 클릭한 다음, [복사(C)]를 클릭한다. 셀 B4를 선택하고 화면의 오른쪽 끝에 있는 스크롤 바(scroll bar)를 사용하여 셀 S502까지 끌어내린다. Shift 키를 누른 상태로 셀 S502를 선택한다. 셀 B4:S502 범위가 지정되면 마우스의 오른쪽 버튼을 클릭한 다음, [붙여넣기(P)]를 클릭한다. 500개의 표본을 다시 생성하려면 F9 키를 누른다.

(8) 셀 B3:S502 범위를 지정하고(이전 단계와 같은 방법으로 스크롤 바를 사용) [자릿수 줄임]을 통하여 소수점 이하 두 자리까지만 구한다.

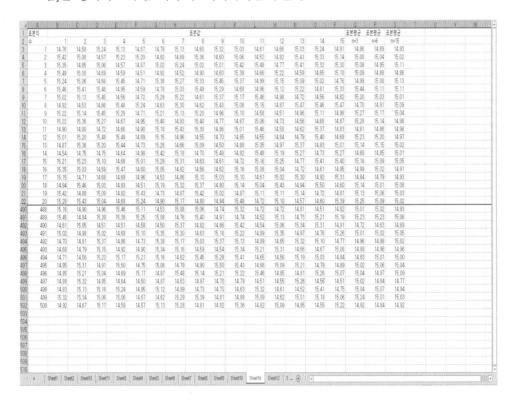

(9) 셀 U1과 W1에 '계급'과 '도수'라는 이름을 입력한다.

셀 V2, W2, X2에 각각 $n = 3, n = 6, n = 15$를 입력한다.

셀 U3에 14.5를, U4에 14.55를 입력한다. 셀 U3:U4를 선택하고 U23까지 끌어내려 복사한다. [자릿수 늘림]을 한 번 누른다.

(10) 셀 V3:V23 범위를 지정한 후 '=FREQUENCY(Q3:Q502, U3:U23)'를 입력하고 배열복사한다. 즉, Enter↵ 키를 누르기 전에 마우스 포인터를 [수식 입력줄]에 옮겨 놓고, Shift + Ctrl + Enter↵ 키를 동시에 누른다.

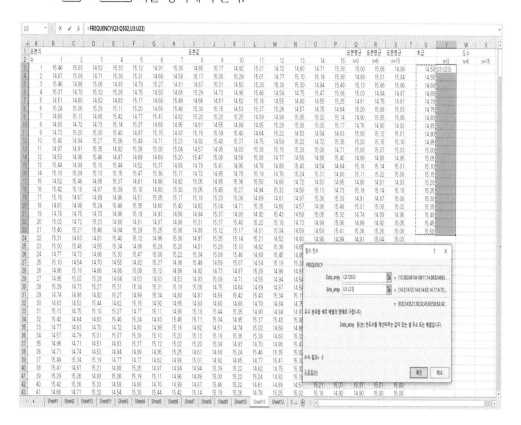

<hr>

Hint

일반 함수는 'Enter(엔터)' 키로 입력하는 반면, 배열수식은 반드시 'Ctrl(컨트롤) + Shift(시프트) + Enter(엔터)' 키로 입력을 해야 한다. 'Ctrl + Shift + Enter'로 입력을 하면 기존에 있던 함수가 중괄호({ }) 안에 감싸지면서 배열수식으로 입력이 된다. 엑셀에서는 배열수식을 CSE 함수(Ctrl+Shift+Enter)라고도 부른다.

(11) 상대도수가 셀 V3:V23 영역에 출력된다. 같은 방법으로 $n = 6, n = 15$에 대해서도 상대도수를 W열과 X열에 출력시킨다. 또 다른 500개 표본의 도수분포표를 얻고 싶으면 F9 키를 누르면 된다.

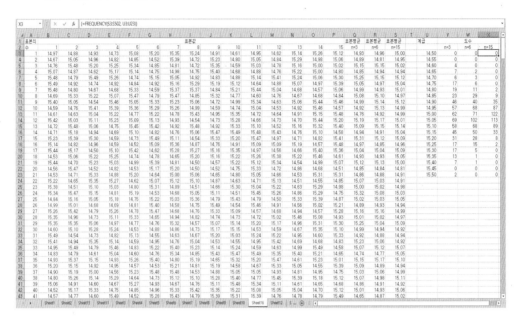

(12) 셀 V2:X23 영역을 지정하여 꺾은선형 그래프를 작성한다.

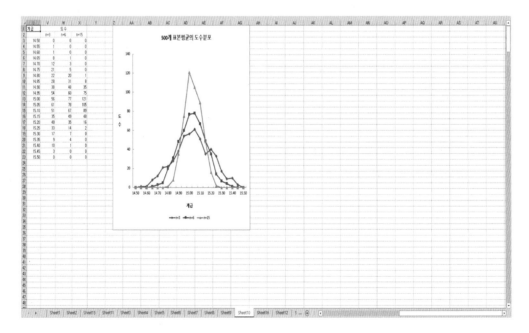

(13) 또 다른 500개 표본평균의 도수분포를 구하고 싶으면 [F9] 키를 누른다.

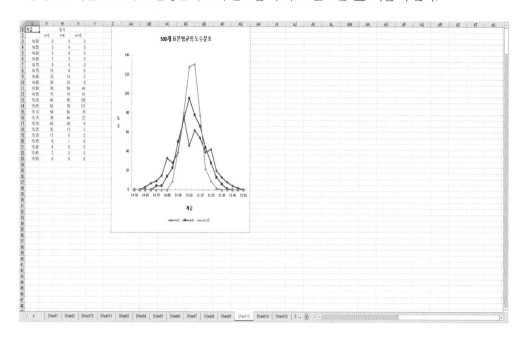

    $n = 3$, $n = 6$, $n = 15$로 표본의 크기가 증가해 갈수록 표본평균의 분포는 정규분포에 근사해 가는 경향을 볼 수 있다.

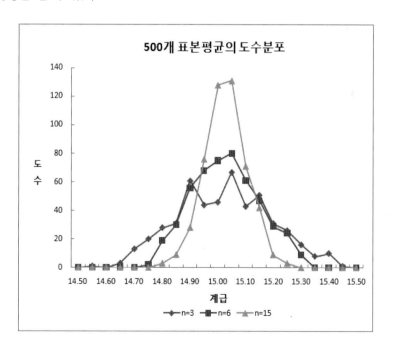

3. 지수분포

지수분포

지수분포(exponential distribution)란 어떤 사건이나 사상이 포아송 분포에 따라 발생할 때, 일정한 시점으로부터 이 사건이나 사상이 발생할 때까지 걸리는 시간의 확률분포를 말한다. 어떤 사건이나 사상이 단위구간에 평균 λ회 발생하는 포아송 분포에 따른다고 한다. 그러면 t구간에서는 평균 λt가 되며 확률변수 X가 t구간에서 발생하는 사건의 수를 나타낸다고 할 때, X는 평균이 λt인 포아송 분포에 따르며 이때 단위구간에 K회 발생할 확률은,

$$P(X = K) = \frac{(\lambda t)^K}{K!} e^{-\lambda t}, \ K = 0, \ 1, \ 2, \ 3, \ \cdots$$

이다. 확률변수 T가 일정한 시점($t = 0$)으로부터 처음으로 사건이 발생할 때까지의 시간을 나타낸다면, $t > 0$에 대하여 $T \geq t$일 확률은 확률변수 X가 $(0, \ t)$ 구간에서 발생하지 않을 확률과 같기 때문에

$$P(T \geq t) = P(X = 0) = e^{-\lambda t}, \ t > 0$$

이다. 확률변수 T의 누적분포함수는

$$F(t) = P(T \leq t) = 1 - P(T \geq t) = 1 - e^{-\lambda t}$$

이며, 따라서 T의 확률밀도함수는

$$f(t) = \frac{d}{dt} F(t) = \frac{d}{dt} (1 - e^{-\lambda t}) = \lambda e^{-\lambda t}, \ t > 0$$

이다.

이와 같은 확률변수 T의 분포를 지수분포라고 한다.

지수분포의 평균, 분산 및 표준편차

$$E(X) = \frac{1}{\lambda}$$

$$V(X) = \frac{1}{\lambda^2}$$

$$\sigma(X) = \frac{1}{\lambda}$$

지수분포에서의 λt는 포아송 분포에서 t 단위구간에 발생하는 사건의 평균 횟수이므로, λ는 t 단위구간의 평균으로부터 단위구간의 평균을 계산하여 구할 수 있다.

Excel의 지수분포 함수

$$\text{EXPON.DIST}(x, \ \lambda, \ c)$$

λ : 평균

c : 1 or 0(TRUE or FALSE)

- True일 때에는 x 이하 발생할 확률
- False일 때에는 x가 발생할 확률

을 계산한다. 예를 들면,

EXPON.DIST(5, 0.5, 0) = 0.041042

EXPON.DIST(5, 0.5, 1) = 0.917915

| 예제 | 8-3

어떤 사무실에는 전화가 평균 10분에 5회 걸려 온다고 한다. 이 사무실에서 한 번 전화가 걸려 온 뒤부터 다음 전화가 걸려 올 때까지 걸리는 시간을 분으로 측정하는 확률분포를 생각하기로 한다. 이 사무실에서 한 번 전화가 걸려 온 뒤에 다음 전화가 걸려 올 때까지 걸린 시간이 6분 이내일 확률과 3분 이상일 확률을 각각 구하라.

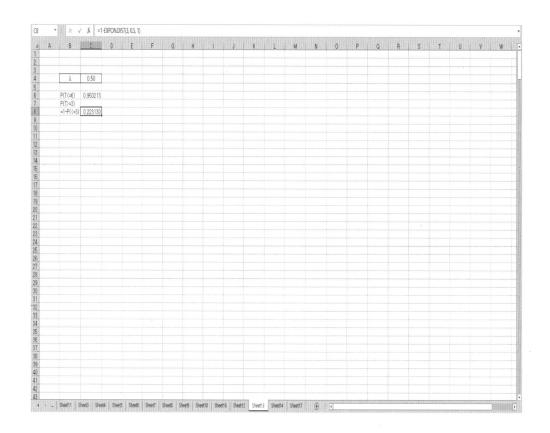

[셀의 입력내용]

C6; = EXPON.DIST(6, 0.5, 1)

C8; = 1 - EXPON.DIST(3, 0.5, 1)

| 예제 | 8-4

$\lambda = 0.5,\ 1,\ 2,\ 3$인 경우에 대한 지수분포의 그래프를 작성하라.

🔄 지수분포표 및 그래프의 작성

《순서 1》 기본표의 작성

다음과 같이 기본표를 작성해 놓는다.

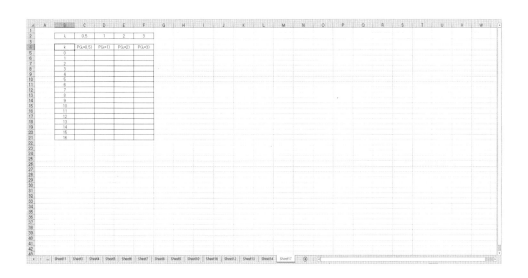

《순서 2》지수분포 함수의 입력

(1) 셀 C5:F21 영역을 지정하고, 메뉴에서 [함수 마법사] 아이콘을 클릭한다. [함수 마법사] 대화상자가 나타난다.

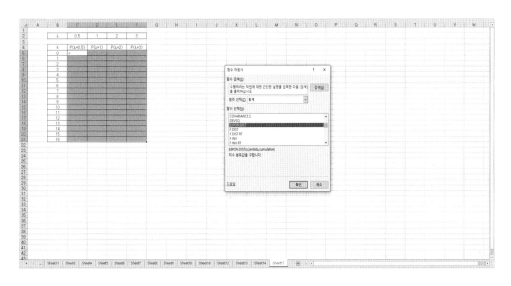

(2) [함수 마법사] 대화상자에서,

      범주 선택(C) : 통계

      함수 선택(N) : EXPON.DIST

를 선택하고, [확인] 버튼을 클릭한다.

(3) [EXPON.DIST] 함수 입력상자가 나타나면,

X : B5:B21

Lambda : C2:F2

Cumulative : 0

를 입력한다.

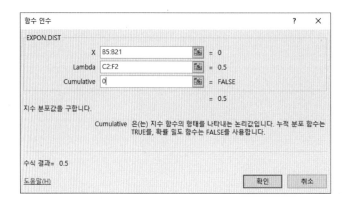

(4) Ctrl + Shift + Enter⏎ 키를 누른다.

셀 C5:F21 영역에 배열식 { = EXPON.DIST(B5:B21, C2:F2, 0)}이 입력된다.

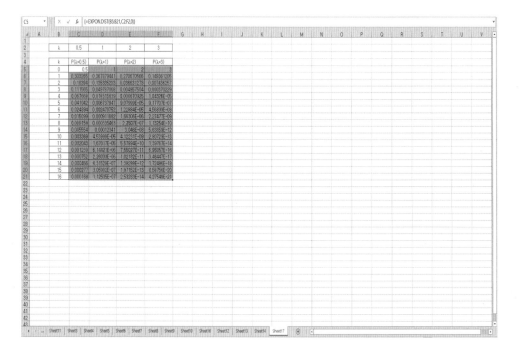

《순서 3》 지수분포 그래프의 작성

(1) 셀 C4:F21 영역을 지정하고, [삽입]을 클릭한다.

(2) 차트 영역에서 꺾은선형 네 번째 유형을 선택한다.

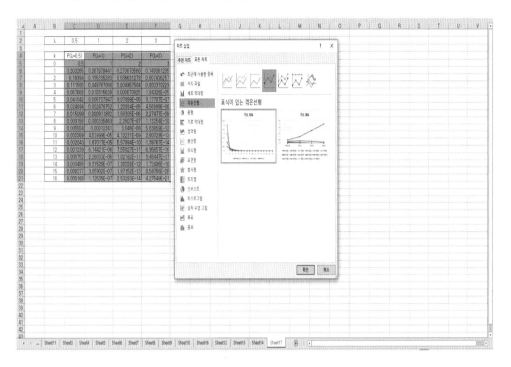

(3) 다음과 같은 그래프가 출력된다.

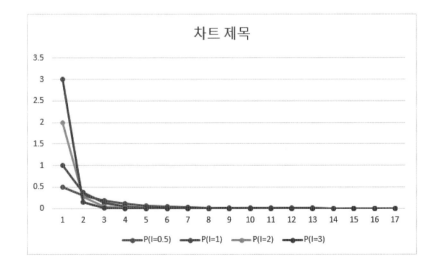

(4) 가로축의 눈금을 조정한다.

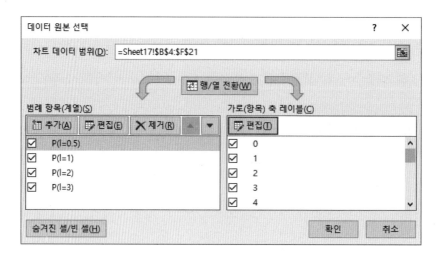

(5) 가로축의 눈금을 조정하여 그래프를 완성한다.

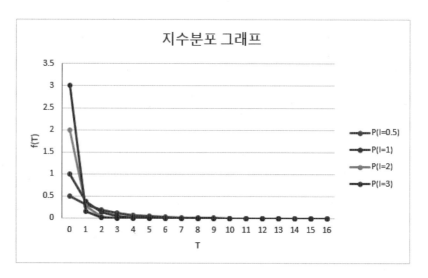

(주) 그림에서 범례의 l = 0.5의 'l'은 'λ'를 나타낸다.

Excel을 활용한
통계분석

Chapter 09

데이터의 수집과 표본추출법

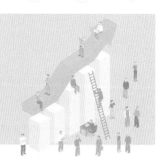

Chapter 09
데이터의 수집과
표본추출법

1. 데이터의 종류와 수집방법

🔵 수치 데이터와 언어 데이터

    데이터라고 하면 흔히 숫자의 집합을 연상하는 사람이 많다. 그러나 데이터는 수치로 표현되는 것만을 가리키지는 않는다. 예를 들면 어떤 한 사람의 고객이 있다고 하자. 그 사람의 신장이나 체중은 고객에 관한 데이터인데, 이 밖에 혈액형이나 성격도 역시 고객에 관한 데이터이다. 신장이나 체중은 수치로 나타낼 수 있다. 한편 혈액형이나 성격은 수치로 나타낼 수는 없다. 이와 같이 데이터에는 수치로 나타낼 수 있는 수치 데이터와 수치로 나타낼 수 없는 문자 데이터의 두 가지 유형이 있다.

    얻어진 데이터가 수치 데이터냐 문자 데이터냐에 따라서 데이터의 처리방법은 달라진다. 수치 데이터라면 평균이나 표준편차 등을 구한다고 하는 통계처리가 가능하지만 문자 데이터의 경우에는 그대로는 통계처리가 불가능하다. 문자 데이터를 수치 데이터화하는 연구가 필요하다.

    예를 들면 다음과 같은 조사표의 질문이 있다고 하자.

(질문 1) 귀하의 연령을 답해 주십시오.   (   )세
(질문 2) 귀하의 신장을 답해 주십시오.   (   ) cm
(질문 3) 귀하의 성별을 답해 주십시오.   (남, 여)

(질문 4) 귀하의 혈액형을 답해 주십시오.   (   )형
(질문 5) 이 상품의 불만스러운 점을 기입해 주십시오.

(   )

(질문 1)이나 (질문 2)에는 수치로 답을 하게 되므로, 이 질문에서 얻어지는 데이터는 수치 데이터이다. 한편 (질문 3)이나 (질문 4)에서는 남, 여의 두 가지 중 하나와 A, B, AB, O의 네 가지 중 어느 하나로 답하게 되므로, 얻어지는 데이터는 수치 데이터가 아니다. 이와 같은 데이터가 문자 데이터이다. (질문 5)에서는 예를 들면 "이 상품은 기능은 충실하지만 값이 너무 비싸다"는 식으로 답이 나오게 되므로, 이 질문에서 얻어지는 데이터도 역시 문자 데이터가 된다.

범주형 데이터와 언어 데이터

그런데 (질문 3)이나 (질문 4)와 (질문 5)의 답은 모두 문자 데이터이지만 약간 유형이 다르다. (질문 3)이나 (질문 4)에서는 남, 여의 두 가지 중 하나와 A, B, AB, O의 네 가지 중 어느 하나로 정해진다. 이들 선택지(選擇肢)를 범주(category)라고 부르는 사실로부터 이와 같은 문자 데이터를 범주형 데이터라고 부른다. 한편 (질문 5)의 답은 문장의 형태로 된다. 이와 같은 데이터를 언어 데이터라고 부른다.

이상의 내용을 정리하면 데이터는 다음과 같이 유형분류가 가능하다.

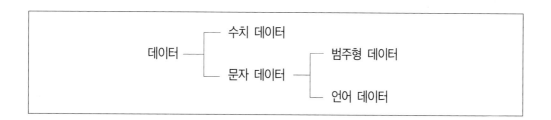

문자 데이터에서 수치 데이터로

범주형 데이터는 각각의 범주에 숫자를 할당함으로써 수치 데이터로 변환할 수 있다. 예를 들면 앞의 (질문 3)과 (질문 4)는 다음과 같이 바꿀 수 있다.

(질문 3) 귀하의 성별을 다음 중에서 해당하는 번호로 답해 주십시오.
　　　　1. 남　　　　　　　　　2. 여

(질문 4) 귀하의 혈액형을 다음 중에서 해당하는 번호로 답해 주십시오.

       1. A형   2. B형   3. AB형   4. O형

이와 같이 하면 답은 (질문 3)에서는 1이나 2로 얻어지고, (질문 4)에서는 1에서 4의 어느 하나로 얻어지게 되므로 문자 데이터를 수치 데이터로서 다룰 수 있게 된다. 단, 여기에서 얻어지는 수치는 수학적인 성질을 가진 것은 아니다. 연령이나 신장의 수치 데이터와는 다르기 때문에 평균이나 표준편차 등을 구하더라도 전혀 의미가 없다.

범주에 수치를 할당하는 것을 코드화라고 부른다. 코드화는 설문지를 만드는 단계에서 실시하는 경우와 답이 모아지고 나서부터 실시하는 경우가 있다.

네 개의 측정척도

본래는 문자로 표현되는 데이터를 코드화함으로써 수치로 변환한 데이터와 원래부터 수치로 얻어지는 데이터는 분명히 구별해서 데이터 처리를 실시하지 않으면 안 된다. 데이터는 명목척도, 순서척도, 간격척도, 비율척도의 네 가지 측정척도로 나눌 수 있다.

여기에서는 이들 데이터를 어떻게 해서 구별하면 좋을 것인지를 설명하기로 한다.

(1) 명목척도

명목척도의 데이터라고 하는 것은 단지 구별하기 위한 것만으로 붙여진 수치의 데이터로 수학적인 성질을 갖지 않은 것이다. 앞의 성별이나 혈액형을 번호로 답하게 했을 때의 데이터가 바로 명목척도의 데이터이다.

명목척도의 특징은 수치의 할당방식이 임의적이라고 하는 점이다. 성별에서 남자가 2이고 여자가 1이더라도 상관없다. 따라서 명목척도의 데이터에 대해서는 평균이나 표준편차를 구한다 하더라도 의미가 없다. 이와 같은 데이터는 빈도와 비율을 구하는 데 의미가 있다. 예를 들면 2라고 답한 사람이 있는가(이것을 빈도 혹은 도수라고 한다), 그것은 전체의 몇 퍼센트에 해당하는가라고 하는 것 등을 구하는 데 의미가 있다.

(2) 순서척도

순서척도의 데이터라고 하는 것은 수치에 순서로서의 의미가 있는 데이터이다. 예를 들면 다음과 같은 질문을 상정해 보자.

(질문) 이 호텔의 서비스에 대해서 고객의 생각을 다음의 번호 중에서 답해 주십시오.
1. 매우 좋다   2. 좋다   3. 어느 쪽도 아니다   4. 나쁘다
5. 매우 나쁘다

이 질문에 대해서 얻어지는 데이터는 1에서 5까지의 수치 데이터이지만 이들 수치는 작을수록 평가가 좋다고 하는 순위로서의 의미가 있다. 이와 같은 데이터를 순서척도의 데이터라고 한다. 순서척도의 데이터도 명목척도의 데이터와 마찬가지로 빈도와 비율을 구하는 것이 데이터 처리의 기본이다.

(3) 간격척도

순서척도의 데이터는 수치에 순서로서의 의미가 있을 뿐, 수치의 크기 그 자체에는 의미가 없다. 따라서 예를 들면 '매우 좋다'와 '좋다'의 차와 '나쁘다'와 '매우 나쁘다'의 차가 반드시 같다고는 할 수 없다. 즉, 수치의 차에는 의미가 없다. 순서로서의 의미뿐만 아니라 차에도 의미가 있는 것이 간격척도의 데이터이다. 무게, 길이, 시간, 온도 등을 나타내는 데이터는 간격척도의 데이터이다.

(4) 비율척도

간격척도의 데이터 중에서 수치의 비율에도 의미가 있는 데이터를 비율척도의 데이터라고 한다. 예를 들면 A라고 하는 제품의 무게가 50kg이고 B라고 하는 제품의 무게가 25kg이라고 한다. 이때 "A의 무게는 B의 무게의 두 배이다"라고 할 수 있다. 그러나 오늘의 기온이 섭씨 20도이고 어제의 기온이 섭씨 10도였다고 할 때에 "오늘은 어제보다 두 배의 더위다"라고 말할 수는 없다. 따라서 무게는 비율척도이고, 온도는 간격척도가 된다.

명목척도나 순서척도의 데이터와 달리 간격척도나 비율척도의 데이터는 평균이나 산포의 크기를 구하는 데 의미가 있다. 명목척도와 순서척도의 데이터를 질적 데이터라고 하며, 간격척도와 비율척도의 데이터를 양적 데이터라고 부른다.

2. 표본추출의 기본개념

표본추출이란 표본조사(sample survey)에 있어서 모집단(조사대상집단)에 대한 추론을 하기 위해서 일부의 표본을 추출하는 것을 말한다. 표본의 추출에는 확률의 원리를 응용한 확률추출(무작위추출이라고도 한다)과 그렇지 않은 비확률추출을 생각할 수 있다. 확률추출에 의해서 뽑힌 표본을 확률표본(또는 무작위표본), 그렇지 않은 표본을 비확률표본이라고 한다.

비확률표본 중에는 간혹 클래스에 등록해 있는 학생들을 표본으로 한다거나 길을 걷고 있는 사람에게 물어 본다고 하는 우연적 기회를 이용한 표본이나 조사목적에 관련한 영역의 전문가 집단에게 질문을 한다고 하는 방법이 취해지는 경우가 있다. 또 국세조사(census)라든가 이전에 실시된 조사의 정보를 이용해서 그 집단과 동일한 연령구성이나 성별, 직업별 구성이 되도록 피조사자를 뽑는 할당법도 유명하다. 그러나 그것들은 모두 확률추출의 원리를 응용한 것이 아니므로 추정에 어느 정도 편의(偏倚)가 있는지 평가할 수 없다. 그리고 또 그 오차의 범위를 확률적으로 평가하는 것이 어렵다. 따라서 근대 표본조사법은 기본적으로 모집단으로부터 확률법칙의 원리를 이용해서 무작위로 추출하는 확률추출이 이용되고 있다. 표본으로부터 모집단에 대한 수치를 추정할 때 따르는 오차를 표본오차(sampling error)라고 부르는데, 확률표본은 확률추출에 의거한 표본오차를 확률적으로 평가할 수 있다는 데에 특징이 있다. 적은 노력(勞力)과 경비로 정밀도 높은 조사가 이루어지도록 여러 가지의 표본추출법이 고안되었다.

그리고 유한모집단으로부터 표본을 추출할 때, 같은 표본이 두 번 추출되는 것을 허용하지 않는 추출법을 비복원추출법이라고 하며, 동일한 표본이 반복추출되는 것을 허용하는 추출법을 복원추출법이라고 한다. 후자 쪽이 수학적으로 다루기가 용이한데, 모집단의 크기가 추출표본수에 비해서 클 때에는 양자의 차이는 사실상 무시할 수 있다.

3. 무작위추출법

모집단을 구성하는 어떤 요소도 동일한 확률로 뽑힐 것이 보증되도록 표본을 모집단에서 추출하는 방법을 무작위추출(random sampling)이라고 한다. 무작위추출이란 주관적인 판단이나 취향이 개입하지 않도록, 이를테면 제비뽑기나 주사위를 이용해서 표본을 뽑는 방법이다. 실제로 무작위추출을 실시하는 경우에는 난수표가 자주 이용된다. 최근에는 컴퓨터의 난수 발생기를 이용하여 난수를 얻을 수 있어 편리하다.

무작위추출을 이용하면 표본오차의 영향을 추정할 수 있다. 모집단의 요소가 모두 같은 확률로 추출되면 주관이 개입될 여지는 없다. 이 때문에 과학적인 연구에는 무작위추출을 이용해야 한다고 하는 의견이 정설이다. 그러나 비표본오차의 영향을 추정하는 것이 곤란하기 때문에 오차를 엄밀하게 평가할 수는 없다. 상정한 모집단에 대해서 원리적으로 무작위추출이 불가능한 경우도 있다. 무작위추출법에도 여러 가지 유형이 있다.

1. 단순무작위추출법(simple random sampling)

확률추출의 원리를 이용한 가장 기본적인 추출방법이다. 조사대상 모집단의 리스트를 준비하고 그것에 일련번호를 매긴다. 난수표(혹은 그것과 동등한 방법)를 이용해서 얻어진 필요한 자릿수의 숫자의 번호에 대응하는 조사대상을 피조사체로 하여 필요한 수만큼의 표본을 추출한다. 단순무작위추출은 모수(모평균이나 모분산 등)의 추정이 간단하고 추정의 정밀도 평가도 용이하지만, 추출된 숫자의 나열이 가지각색이므로 모집단 리스트가 큰 대표본에서는 대상자를 뽑는 데 시간이 걸린다. 또한 층별추출법(stratified sampling) 등에 비해서 추정의 정밀도가 높지 않다.

2. 계통추출법(systematic sampling)

모집단의 크기가 N이고 추출표본수가 n이며 $N = nl$이라 할 때, 일련의 모집단 리스트를 l개의 길이로 구분하여 $1 \leq k \leq l$의 임의값을 무작위로 뽑아서 k, $k+l$, $k+2l$, …, $k+(n-1)l$ 등 l개마다 n개의 표본을 추출하는 방법을 계통추출법 혹은 등간격추출법이라고 한다. k를 계통추출의 출발점이라고 한다. 계통추출법은 모집단 리스트가 완비되어 있을 때, 단순무작위추출법에 비하여 추출의 수고가 적게 든다. 더욱이 리스트의 나열이 수입 순이라든가 연령 순이라고 하는 조사변수에 대해서 일종의 층화가 이루어져 있게 되면 추정의 정밀도도 높아지는데, 추출간격이 조사변수의 주기성과 일치(혹은 그 공배수가 일치)하는 경우에는 추정에 편의(偏倚)가 생길 우려가 있다. 그리고 출발점을 무작위로 정하는 대신에 l의 중점을 취하는 방법이라든가 추출간격을 교대로 바꾸어 가는 지그재그 추출법과 같은 변형법도 생각할 수 있다.

3. 집락추출법(cluster sampling)

  모집단의 최종 조사단위를 몇 개 모은 것을 집락(cluster)이라 하고, 이것을 표본추출의 단위로 해서 추출하는 방법을 일반적으로 집락추출이라고 한다.

  집락을 만드는 방법은 하나의 집락 중에 여러 가지 이질적인 요소가 서로 섞이도록 하고, 집락끼리의 사이는 가능한 한 비슷한 것으로 분할하는 것이 효과적이다. 집락 내의 조사단위를 모두 조사하는 경우와 추출된 집락 중에서 더욱 몇 개의 조사단위를 확률추출해서 표본조사를 실시하는 경우가 있다. 후자는 바로 다단추출법 중 2단추출법에 해당된다. 등간격추출법이나 지역추출법은 전자의 예로 볼 수 있다.

4. 층별추출법(stratified sampling)

  층화추출법이라고도 한다. 표본을 추출할 때 모집단 중에서 단순무작위로 추출하는 것이 아니라 미리 모집단을 몇 개의 그룹(이것을 층이라고 한다)으로 나누고, 나누어진 각각의 그룹 중에서 필요한 개수의 표본을 무작위로 추출하는 방법을 층별확률추출법 또는 단지 층별추출법이라고 한다. 층별의 목적은 적은 표본수로 정밀도 높은 모집단 추정을 실시한다고 하는 것이며, 그러기 위해서는 층별화할 때 층간에 비해서 층내는 가능한 한 균질로, 즉 측정치의 분산이 작게 되도록 그룹을 나누는 것이 바람직하다.

5. 다단추출법(multi-stage sampling)

  대규모의 표본조사에서는 조사대상을 직접 추출하는 것이 불가능 혹은 비경제적이기 때문에 추출단위를 몇 단계로 나누어서, 처음에 제1차 추출단위(primary sampling unit, PSU)를 어떤 확률로 추출하고, 다음에 추출된 제1차 추출단위 중에서 다시 어떤 확률로 제2차 추출단위(secondary sampling unit, SSU)를 추출한다고 하는 추출작업이 계속된다. 이것을 2단추출법이라고 한다. 제3차 추출단위까지 생각하면 3단추출법이라고 하며, 일반적으로는 다단추출법이라고 한다.

  예를 들면, 전국 학교조사에서, 처음에 도(道)를 추출하고 추출된 도 중에서 학교를 추출한다. 그리고 추출된 학교 중에서 어떤 조(組)를 추출하고 추출된 조 중에서 어떤 학생을 추출한다고 하면, 이것은 도를 제1차, 학교를 제2차, 조를 제3차, 학생을 제4차로 하는 4단추출이 된다. 추출의 단계를 늘리면 그 때마다 추정의 정밀도가 떨어지기 때문에, 통상은 미리 모집단을 몇 개의 층으로 나누고 각 층에 대해서 다단추출법을 실시하는 층별다단추출법(層別多段抽出法)이 이용된다.

4. 유의선출법

조사기획자의 주관적인 판단에 따라서 표본을 뽑는 것을 유의선출법(purposive selection)이라고 한다. 유의선출법은 주관에 의거하기 때문에 표본오차의 영향이나 비표본오차의 영향은 추정할 수 없다.[1] 표본추출의 주관성을 배제하기 어려운 방법이다. 그러나 실시가 용이하므로 몇 번 반복하면서 경험적으로 정밀도를 알 필요가 있는 과제, 예를 들면 상품개발 등에서 효과를 발휘하는 경우가 많다. 유의선출에 의한 조사를 계속하여 경험적으로 적은 수고와 비용으로 효율적인 식견이 얻어진다는 것이 확인되면, 무작위추출을 실시할 필요는 없다. 무작위추출은, 그보다 더 나은 것은 없지만, 대단히 수고스러우므로 조사의 간격이 벌어지는 경우도 있다. 만일 수년에 1회 조사하는 정도라면, 유의선출로 연간 몇 번이고 조사하는 편이 조사대상에 대한 식견을 심화시키는 경우도 있다.

예전에 여론조사 등에 자주 이용되었던 방법으로 할당법(quota method)이라고 하는 것이 있다. 이것은 유의선출법의 일종으로 이전에 실시되었던 조사 등의 정보를 이용해서 그 집단과 동일한 연령구성이나 성별·직업별 구성이 되도록 피조사자를 뽑는 방법이다.

▶ 유의선출법의 문제점

유의선출법에 의한 표본의 결정은 모집단의 구조에 관한 조사기획자의 주관적 판단에 따르고 있다. 과거의 국세조사 데이터 등에 의하여 객관적으로 구조를 판단했다고 하더라도, 알 수 있는 것은 과거의 구조이지 현재의 그것은 아니다. 또한 과거로부터의 변화가 무시할 수 있는 정도였다고 하더라도 기존 데이터로부터 알 수 있는 구조는 앞으로 조사하고자 하는 특성에 관한 것이 아닐 것이다. 그리고 기획자의 주관적 판단도 결코 완전할 수는 없는 것이며, 완전한 판단이 가능하다면 이미 조사의 필요성은 없게 된다. 표본선출 시의 판단의 잘못은 조사결과에 의거한 추정치에 오차를 가져오게 된다. 게다가 주관적인 판단의 잘못을 객관적으로 평가하는 방법은 없다. 그리고 가령 제3자가 객관적으로 잘못을 지적했다고 하더라도 그것은 또 제3자의 주관에 지나지 않는다. 오차를 수반한 통계숫자에서, 게다가 그 오차의 정도에 관해서 아무런 객관적 보증(기획자의 주관에 의한 보증은 무의미)이 없는 것의 이용가치는 극히 한정된다.[2]

---

1) 豊田秀樹, 「調査法講義」, (朝倉書店, 1998), pp. 37~39.
2) 淺井晃, 「調査の技術」 (日科技連, 1987), pp. 140~141.

5. 표본추출의 실제

| 예제 | 9-1

100명의 산악회 회원에 대한 이름이 등록되어 있는 회원명부가 있다고 한다. 회원명부 안에는 1번에서 100번까지 각 회원에게 번호가 할당되어 있다. 이 100명의 회원 중에서 15명의 대표를 무작위로 추출하라.

Excel에 의한 해법

▶ 복원추출

모집단으로부터 표본을 추출할 때, 한번 뽑은 표본도 다음의 추출 대상으로 하는 추출방법을 복원추출(sampling with replacement)이라고 한다. 이 경우에는 같은 표본이 여러 번 추출될 가능성이 있다. 이것에 비해서 일단 뽑은 표본은 다음의 추출 대상에서 제외하는 추출방법을 비복원추출(sampling without replacement)이라고 한다.

《순서 1》 준비

다음과 같이 회원의 일련번호를 1에서 100까지 입력한다.

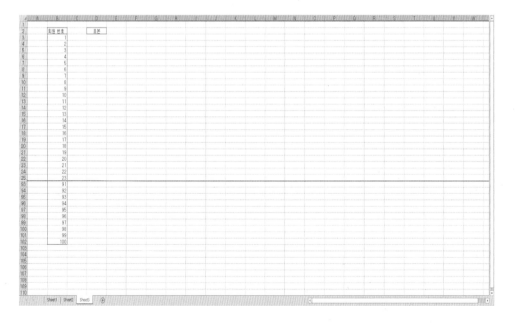

《순서 2》 표본추출의 선택

메뉴의 [데이터]-[데이터 분석]을 선택한다.

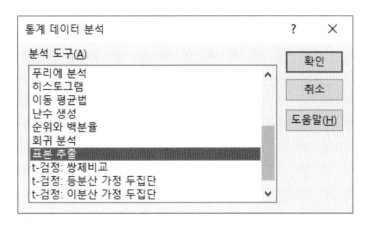

　[통계 데이터 분석] 대화상자에서, [분석 도구(A)]로서 [표본추출]을 선택하고 [확인] 버튼을 클릭한다. [표본추출] 대화상자가 나타난다.

《순서 3》 표본추출 방법의 지정

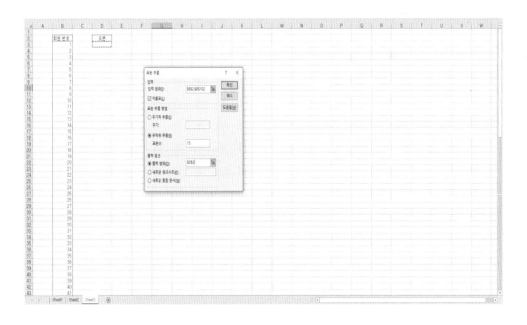

[표본추출] 대화상자에서 위와 같이 지정하고 [확인] 버튼을 클릭한다.

《순서 4》 표본의 추출

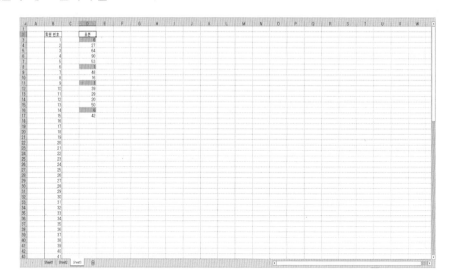

전술한 바와 같이 복원추출에서는 같은 표본이 여러 번 추출될 가능성이 있다. 위의 결과에서도 '6'과 '1'은 각각 두 번 추출되었음을 알 수 있다. 따라서 위의 예제는 비복원추출법에 의해서 표본을 추출해야 함을 알 수 있다.

▶ 비복원추출

100명의 회원 중에서 중복되지 않는 15명의 표본을 뽑으려면 비복원추출을 실시해야 한다. 이것을 Excel에 의해서 실행해 보도록 하자.

《순서 1》 준비

(1) 복원추출의 경우처럼 1에서 100까지 입력한다.
(2) 셀 C3를 지정하고, 난수 생성 함수 '=RAND( )'를 입력한다. Enter↵ 키를 누른다.

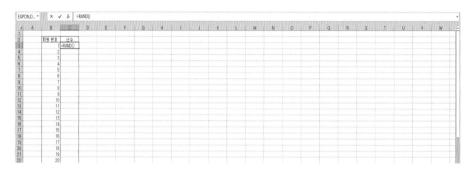

《순서 2》 난수의 생성

(1) 셀 C3에 0과 1 사이의 난수가 생성된다.

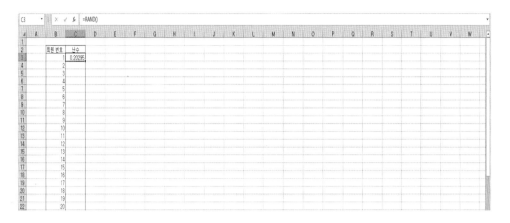

(2) 셀 C3을 C4에서 C102까지 복사한다.

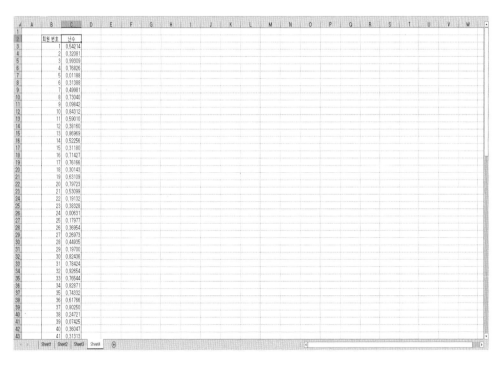

(주) RAND( ) 함수의 값은 F9 키를 누를 때마다 달라지기 때문에 위의 화면과는 다른 데이터가 나온다.

《순서 3》 난수를 일반 수치로 변경

(1) 셀 C3:C102 영역을 지정하고 ⌷Ctrl⌷ + ⌷C⌷ 키를 클릭하여 클립 보드로 복사한다.

(2) 메뉴에서 [붙여넣기]-[선택하여 붙여넣기(S)]를 선택한다.

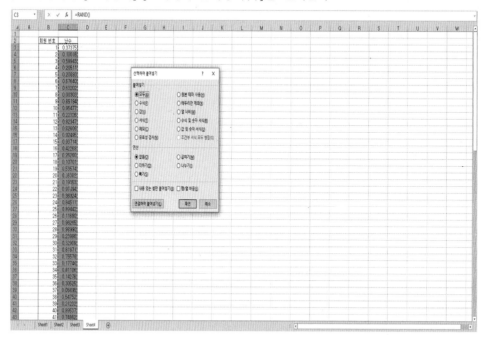

(3) [선택하여 붙여넣기] 대화상자에서 다음과 같이 지정하고 [확인] 버튼을 클릭한다.

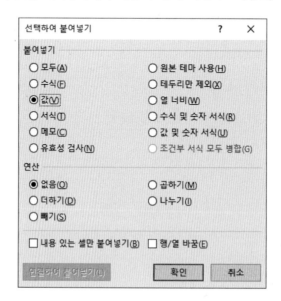

(4) 셀 C3:C102 영역에 '=RAND( )' 함수는 없어지고 수치만 남는다.

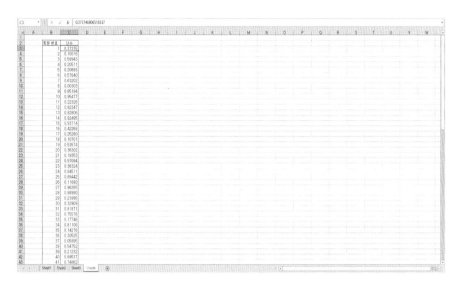

위의 수치 데이터를 크기순으로 나열하고 위로부터 15개를 표본으로 추출하면 된다.

《순서 4》 표본의 추출

(1) 셀 C3:C102 영역의 난수를 크기순으로 정렬하기 위하여, 셀 B2:C102 영역을 지정하고
   메뉴에서 [데이터]-[정렬]을 선택한다.

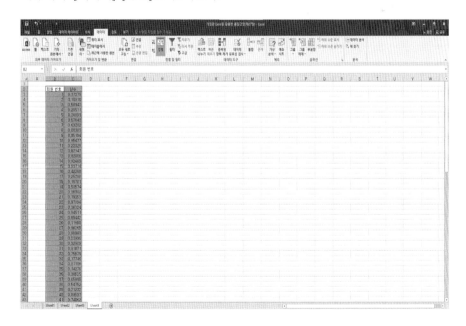

(2) [정렬] 대화상자에서 다음과 같이 지정하고 [확인] 버튼을 클릭한다.

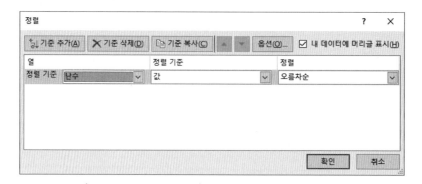

(3) 난수가 크기순으로 정렬된다.

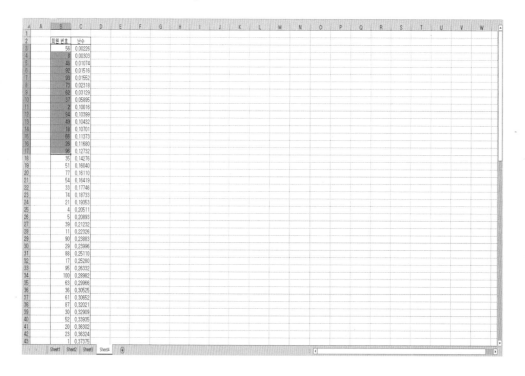

(4) B열에서 위로부터 차례로 15개의 회원 번호를 선택하면 비복원추출은 완료된다. 따라서
위의 15명을 표본으로 뽑으면 된다.

난수란 무작위로 만들어진 수열을 가리킨다. 이상적인 난수는 수의 분포가 확률적으로 치우치지 않아야 하고, 다음의 값을 예측할 수 없어야 한다. 난수를 만들 때는 과거 난수표를 이용하기도 했으나, 요즘은 그냥 컴퓨터를 이용해 난수를 계산하기도 한다.

실제로 컴퓨터는 난수를 만들 수 없다. 그 이유는 컴퓨터는 '계산'을 해서 결과를 내놓지만 계산된 숫자는 난수가 아니기 때문이다. 이를 해결하기 위해서 컴퓨터는 CPU 내부에 난수표를 가지고 있으며 이를 이용해서 난수를 생성하는 것이다.

평균에 관한 분석

Chapter 10

평균에 관한 분석

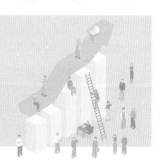

1. 모평균에 관한 검정과 추정

1. 모표준편차를 알고 있을 때의 검정과 추정

|예제| 10-1

한 상자의 무게가 450g인 비스킷을 생산하는 회사가 있다. 이 비스킷 한 상자의 무게가 450g에서 지나치게 벗어나는 것은 바람직하지 못하다. 따라서 이 회사의 품질관리 부서에서는 비스킷 한 상자의 평균 무게가 450g을 벗어나는지 정기적으로 검사하고 있다. 다음은 이 회사가 생산하고 있는 비스킷 16개를 골라 그 무게(단위 : g)를 측정한 것이다. 이 데이터로부터 평균 중량은 450g이라고 판단해도 좋은지 유의수준 5% 하에서 검정하라. 종래의 표준편차는 16g으로 변함이 없다고 한다.

404.65	452.40	437.01	463.10	453.22	449.24	444.23	468.88
435.93	466.13	458.32	450.51	442.31	417.44	430.02	444.80

🌙 귀무가설과 대립가설

가설이란 실증적인 증명 이전에 세워지는 잠정적인 진술(statement), 즉 검정대상이 되는 진술을 말한다. 따라서 가설은 논리적인 검정과정을 거친 후 기각되거나 수정될 수 있다.

통계적 가설검정에는 항상 두 가지 형태의 가설이 사용된다. 즉, 가설검정을 실시할 때 검정 대상이 되는 가설을 설정하게 되는데 이것을 귀무가설(null hypothesis)이라 하고, H_0라고 하는 기호로 나타낸다. 한편 귀무가설을 받아들일 수 없을 때 다른 결론을 내리기 위해 귀무가설에 대립되는 가설을 설정하게 되는데 이것을 대립가설(alternative hypothesis)이라 하고, H_1이라고 하는 기호로 나타낸다.

그러므로 귀무가설과 대립가설은 상호배반적(mutually exclusive)이며 포괄적(exhaustive)인 특성을 지니고 있다. 상호배반적이란 것은 귀무가설과 대립가설이 동시에 사실일 수 없다는 것이며, 포괄적이란 것은 귀무가설과 대립가설 중 어느 하나는 반드시 사실이라는 것을 의미한다.

사고방식과 적용수법

일단 귀무가설과 대립가설이 설정되고 나면 귀무가설을 기각할 것인지 기각하지 않을 것인지를 결정해야 한다. 귀무가설의 기각여부를 결정하는 것은 가설검정의 핵심이므로 여기에 관련된 기본적인 원리를 잘 이해할 필요가 있다. 앞의 [예제 10-1]을 통하여 설명하기로 한다.

$$H_0 : \mu = 450$$
$$H_1 : \mu \neq 450$$

가설검정을 위하여 16개의 비스킷을 표본으로 추출한다. 즉, 표본으로 추출된 16개의 평균 무게($\overline{x}$)를 근거로 하여 귀무가설의 기각여부를 검정하는 것이다.

$\overline{x}$를 근거로 의사결정하는 것은 다음과 같은 논리를 바탕으로 한다. 즉, 표본으로 추출된 16개의 평균 무게($\overline{x}$)는 모든 비스킷의 평균 무게(μ)와 크게 다르지 않을 것이다. 따라서 귀무가설이 사실이라면($\mu=450$) $\overline{x}$는 450g에 가까울 것이다. 반면에 $\overline{x}$가 450g보다 훨씬 작거나 크다면 귀무가설보다는 대립가설($\mu\neq450$)을 믿으려 할 것이다.

그러면 450g보다 얼마만큼 작거나 커야 귀무가설을 기각할 것인가? 또한 450g에 얼마만큼 가까우면 귀무가설을 기각할 수 없는가? 즉, 귀무가설의 기각여부를 결정하는 기준점을 구하는 것이 중요한 과제이며 이 기준점을 임계치(critical value)라고 한다.

귀무가설의 기각여부를 결정하는 임계치를 구하기 위해 이 회사가 생산하고 있는 비스킷의 무게에 대한 표준편차(σ)는 16g으로 알려져 있다고 가정하자. 그러면 귀무가설이 사실($\mu=450$)이라는 전제 하에 $\overline{x}$가 434g 이하이거나 466g 이상일 확률은 얼마일까?

x는 그 평균 $\mu_{\bar{x}}$가 450g, 표준편차 $\sigma_{\bar{x}}$가 $\sigma/\sqrt{n}=16/\sqrt{16}=4$인 정규분포를 하므로(중심극한정리) $\bar{x}$가 434g 이하일 확률과 466g 이상일 확률은 각각 다음과 같이 구할 수 있다.

$$P(\bar{x}\leq 434)=P\left(Z\leq \frac{434-450}{4}\right)=P(Z\leq -4)=0.00003$$

$$P(\bar{x}\geq 466)=P\left(Z\geq \frac{466-450}{4}\right)=P(Z\geq +4)=0.00003$$

따라서 귀무가설이 사실이라면 $\bar{x}$가 434g 이하일 확률이나 466g 이상일 확률은 0.00003으로 극히 낮고, 바꿔 말하면 $\bar{x}$가 434g 이하이거나 466g 이상일 가능성은 거의 없다는 것이다.

그런데 실제로 표본을 추출하여 $\bar{x}$를 구한 결과 434g 이하이거나 466g 이상이었다면 μ= 450g이라는 귀무가설은 사실이 아니라고 판단하는 것이다. 결론적으로 가설검정은 발생가능성이 극히 희박한 확률수준을 미리 정해 두고 표본의 값이 여기에 속하면 귀무가설을 기각하고 그렇지 않으면 귀무가설을 채택하는 것이다.

여기에서 발생가능성이 극히 희박한 확률수준을 유의수준(significance level)이라 하며 α(알파)라고 하는 기호로 나타낸다. 이 유의수준에 의해 귀무가설의 기각여부를 결정하는 임계치가 산출된다. 일반적으로 유의수준은 1%, 5%, 10% 중의 어느 하나가 주로 이용되며 의사결정의 상황에 따라 의사결정자가 정한다.

🔵 하나의 모평균에 관한 검정방법(모표준편차 σ를 알고 있을 때)

가설검정의 순서는 다음과 같다.

《순서 1》 가설의 설정

$$H_0\ :\ \mu=\mu_0$$
$$H_1\ :\ \mu\neq\mu_0$$

(μ_0는 검정하고자 하는 어떤 값, 이 예제에서는 $\mu_0=$ 450)

대립가설은 귀무가설을 부정하는 것으로 다음과 같은 세 가지의 경우를 생각할 수 있다.

(1) $H_1\ :\ \mu\neq\mu_0$

(2) $H_1\ :\ \mu>\mu_0$

(3) H_1 : $\mu < \mu_0$

(1)과 같은 가설을 양측가설(兩側假說)이라 부르고, (2)와 (3)처럼 대소관계를 문제로 하고 있는 가설을 단측가설(單側假說)이라 부르고 있다.

이 예제에서는 비스킷의 무게에 대한 정확성에 관심이 있으므로 (1)의 가설이 된다.

《순서 2》 유의수준의 설정

유의수준 $\alpha = 0.05$

(경우에 따라서는 유의수준을 0.01 또는 0.1이라고 설정할 수도 있다)

《순서 3》 검정통계량 z값의 산출

$$z = \frac{\overline{x} - \mu_0}{\dfrac{\sigma}{\sqrt{n}}}$$

《순서 4》 p값의 산출

유의수준과 비교할 확률 p를 계산한다. p값은 표준정규분포에 있어서 $|z|$ 이상의 값이 발생할 확률이다.

《순서 5》 판정

p값 ≤ 유의수준 α → 귀무가설 H_0를 기각한다
p값 > 유의수준 α → 귀무가설 H_0를 채택한다

검정통계량 z값과 확률 p값의 산출

《순서 1》 데이터의 입력

셀 B2:B17 영역에 데이터를 입력한다.

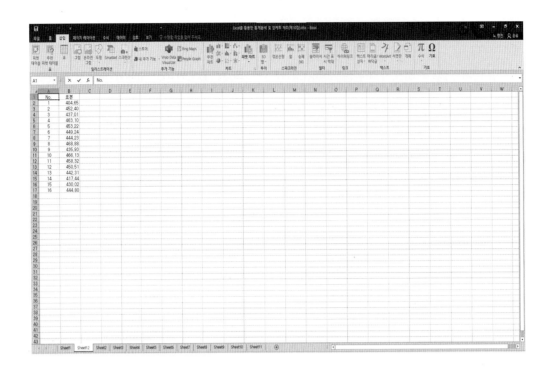

《순서 2》 기본 정보의 입력

셀 F2:F5 영역에 주어진 기본 정보를 입력한다.

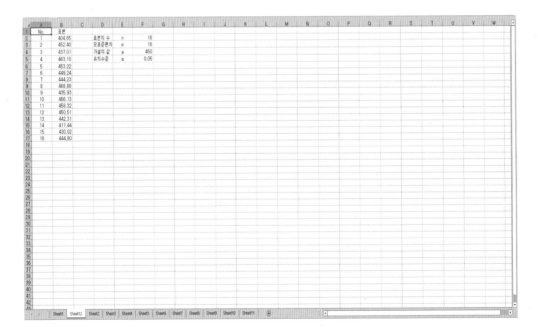

《순서 3》 수식 및 통계함수에 의한 산출

No.	표본				
1	404.65	표본의 수	n		16
2	452.40	모표준편차	σ		16
3	437.01	가설의 값	μ		450
4	463.10	유의수준	α		0.05
5	453.22				
6	449.24	표본평균	$\bar{x}$		444.8869
7	444.23	검정통계량	z		-1.2783
8	468.88	기각치(양측)	$z(\alpha/2)$		1.9600
9	435.93	양측확률	p		0.2012
10	466.13				
11	458.32				
12	450.51				
13	442.31				
14	417.44				
15	430.02				
16	444.80				

[셀의 입력내용]

F7; = AVERAGE(B2:B17)

F8; = (F7 - F4)/(F3/SQRT(F2))

F9; = NORM.S.INV(1 - F5/2)

F10; = (1 - NORM.S.DIST(ABS(F8)))*2

결과에 대한 판정

유의수준과 비교할 확률 p값을 보면

$$p\text{값} = 0.2012 > \text{유의수준 } \alpha = 0.05$$

이므로 귀무가설 H_0는 채택된다. 즉, 비스킷의 모평균은 450g이라고 할 수 있다.

통계함수 NORM.S.DIST

통계함수 NORM.DIST(x, mean, standard_dev, cumulative)는 정규누적분포의 값을 구해 주는 반면, 함수 NORM.S.DIST(z)는 표준정규누적분포의 값을 구해 준다. 즉, 어떤 값 z 이하의 확률을 구하기 위한 함수이다.

NORM.S.DIST(2.58) = 0.995

NORM.S.DIST(- 2.58) = 0.005

NORM.S.DIST(1.96) = 0.975

NORM.S.DIST(- 1.96) = 0.025

🌀 통계함수 NORM.S.DIST를 이용하여 유의확률 p값을 구할 때의 주의사항

대립가설의 유형에 따라서 구별하여 사용해야 한다.

(1) H_1 : $\mu \neq \mu_0$일 때는

$$p = (1 - \text{NORM.S.DIST}(\text{ABS}(z))) 2$$

(2) H_1 : $\mu > \mu_0$일 때는

$$p = (1 - \text{NORM.S.DIST}(z)) *$$

(3) H_1 : $\mu < \mu_0$일 때는

$$p = \text{NORM.S.DIST}(z)$$

🌀 통계함수 NORM.S.INV

통계함수 NORM.INV(probability, mean, standard_dev)는 정규누적분포의 역함수 값을 구해 주는 반면에, NORM.S.INV(probability)는 표준정규누적분포의 역함수 값을 구해 준다.

예 |

NORM.S.INV(0.995) = 2.58

NORM.S.INV(0.975) = 1.96

NORM.S.INV(0.05) = - 1.64

NORM.S.INV(0.025) = - 1.96

| 예제 | 10-2

[예제 10-1]의 데이터를 이용해서 비스킷의 모평균을 추정하라.

통계적 추정

일반적으로 표본의 통계량으로부터 모집단분포의 특성에 관해서 어떠한 추론을 한다거나, 이미 관측된 표본의 통계량과 모집단분포에 관한 지식을 이용해서 아직 관측되어 있지 않은 장래의 관측치에 대해서 확률적인 예측을 실시하는 것을 통계적 추측이라고 한다. 통계적 추측을 위한 이론 중에서도 종래 '가설의 검정'과 '모수의 추정' 두 가지가 주로 이용되어 왔다. 통계적 추정(statistical estimation) 혹은 추정(estimation)이란 바로 후자인 '모수의 추정'을 의미하고, 모집단을 규정하는 미지의 모수값을 얻어진 표본의 통계량에 의거해서 구하는 것을 가리킨다.

모수를 통계적으로 추정하기 위한 방법으로서 전통적으로 점추정(point estimation)과 구간추정(interval estimation)의 두 가지 방법이 있으며, 전자의 방법에서는 가장 좋다고 생각되는 하나의 추정치를 가지고 모수를 추정하고, 후자의 방법에서는 모수의 참값이 높은 확률로 포함되어 있을 것으로 생각되는 실수치의 구간에 의해서 모수를 추정하고자 한다. 예를 들면 모집단분포가 정규분포라고 하는 것은 알려져 있지만 그 평균에 대해서는 알 수 없는 모집단으로부터 n개의 관측치$(x_1, x_2, \cdots, x_n)$를 얻어서 그 관측치의 평균 $\bar{x}$를 가지고 모집단 평균의 추정치로 간주한다면 이것은 점추정이다. 이에 비해서 모수의 값을 추정하는 데, 관측치$(x_1, x_2, \cdots, x_n)$로부터 두 개의 함수값 $y_1(x_1, x_2, \cdots, x_n)$과 $y_2(x_1, x_2, \cdots, x_n)$를 산출해서 모수는 $y_1(x_1, x_2, \cdots, x_n)$과 $y_2(x_1, x_2, \cdots, x_n)$ 사이의 구간 내에 있다고 하는 형태로 추정하는 것이 구간추정이다.

이상과 같이 점추정의 방법에서는 가장 좋다고 생각되는 추정치를 하나 보이는 것뿐이고, 그 정확성에 대한 표시는 전혀 포함되어 있지 않다. 그 추정치의 신뢰도에 대해서 어느 정도의 판단이 필요하다면, 그 추정치를 얻은 표본의 크기나 그 추정치가 일반적으로 가지고 있을 성질에 대해서 잘 알고 있지 않으면 안 된다. 이에 비해서 구간추정의 경우에는 추정치의 폭이 넓어지는 대신에 그 구간이 모수를 포함할 확률이 표시되므로(이 확률을 신뢰도라고 한다), 추정의 정밀도에 대한 판단이 용이하다.

이상과 같이 통계적 추정을 통계적 추측의 일환으로서 생각했는데, 다른 관점에서 이것을 논할 수도 있다. 즉, 불완전한 정보밖에 얻어지지 않는 경우에 목적을 위해서는 어떻게 행동하면 좋을까를 생각하는 통계적 결정이론의 입장에서도 모수의 추정 문제를 논할 수 있다.

모집단의 구간추정(모표준편차 σ를 알고 있을 때)

구간추정의 사고방식은, 예를 들면 모평균 μ의 추정치를 표본평균 $\bar{x}$를 이용해서

$$P(\bar{x} - a \leq \mu \leq \bar{x} + a) = 1 - \alpha, \quad a > 0$$

라고 하는 형태로 나타내고 $1 - \alpha$를 신뢰도(혹은 신뢰계수), $\bar{x} - a$와 $\bar{x} + a$ 사이의 구간을 모평균 μ의 신뢰구간이라고 한다. 또한 그 구간의 한계치 $\bar{x} - a$와 $\bar{x} + a$를 각각 신뢰한계라고 부른다.

모평균 구간추정의 절차를 정리하면 다음과 같다. 평균 μ를 모르고 분산 σ^2을 알고 있는 정규모집단으로부터 크기 n의 무작위표본을 취하여 표본평균 $\bar{x}$를 얻었다고 한다. 표본평균의 변환치 $z = (\bar{x} - \mu)/(\sigma/\sqrt{n})$는 표준정규분포에 따르기 때문에 분포의 양쪽 꼬리 부분 각각의 확률이 $\alpha/2$에 대응하는 정규편차를 $\pm z_{\alpha/2}$라고 하면 모평균 μ의 $1 - \alpha$신뢰구간은,

$$\bar{x} - z_{\alpha/2}\frac{\sigma}{\sqrt{n}} \leq \mu \leq \bar{x} + z_{\alpha/2}\frac{\sigma}{\sqrt{n}}$$

로 주어진다. 그런데 이 신뢰구간이 의미하는 것은 다음과 같다. 크기 n의 표본평균 $\bar{x}$의 분포로부터

$$P(\bar{x} - z_{\alpha/2}\frac{\sigma}{\sqrt{n}} \leq \mu \leq \bar{x} + z_{\alpha/2}\frac{\sigma}{\sqrt{n}}) = 1 - \alpha$$

라고 하는 관계가 얻어지는데, 이것은 $\bar{x}$가 모평균 μ의 근처 $\pm z_{\alpha/2}\frac{\sigma}{\sqrt{n}}$의 구간 내에 있을 확률이 $1 - \alpha$라고 하는 것을 의미한다.

신뢰한계의 산출

앞의 가설검정의 결과에 추가한다.

[셀의 입력내용]

F11; =1 - F5

F12; = F7 - ABS(NORM.S.INV(1 - F5/2)*F3/SQRT(F2))

F13; = F7 + ABS(NORM.S.INV(1 - F5/2)*F3/SQRT(F2))

결과의 해석방법

모평균 μ의 95% 신뢰구간은 다음과 같다.

$$437.0470 \leq μ \leq 452.7267$$

2. 모표준편차를 모르고 있을 때의 검정과 추정

|예제| 10-3

어느 페인트 제조회사에서는 평균 120분 내에 마르는 신제품을 개발했다고 한다. 실제로 그러한지를 알아보기 위해서 20통의 페인트를 표본추출하여 건조시간을 측정한 결과가 다음과 같았다.

(단위 : 분)

123	109	115	121	130
127	106	120	116	136
131	128	139	110	133
122	133	119	135	109

페인트의 건조시간이 정규분포를 이룬다고 가정할 때 이 페인트의 평균 건조시간이 120분 이내라고 할 수 있는가? 5% 유의수준으로 검정하라.

하나의 모평균에 관한 검정방법(모표준편차 $σ$ 를 모르고 있을 때)

모표준편차를 모르고 있을 때에는 알고 있을 때에 이용했던 정규분포의 성질이 아니라 t 분포(t distribution)의 성질을 이용해서 검정한다. 검정의 순서는 다음과 같다.

《순서 1》 가설의 설정

$$H_0 \quad : \mu = \mu_0$$

$$H_1 \quad : \mu > \mu_0$$

(μ_0는 검정하고자 하는 어떤 값, 이 예제에서는 μ_0 = 120)

대립가설은 귀무가설을 부정하는 것으로 다음과 같은 세 가지의 경우를 생각할 수 있다.

(1) $H_1 \quad : \mu \neq \mu_0$

(2) $H_1 \quad : \mu > \mu_0$

(3) $H_1 \quad : \mu < \mu_0$

이 예제에서는 (2)의 가설이 된다.

《순서 2》 유의수준의 설정

유의수준 α = 0.05

(경우에 따라서는 유의수준을 0.01 또는 0.1이라고 설정할 수도 있다)

《순서 3》 검정통계량 t값의 산출

$$t = \frac{\bar{x} - \mu_0}{\dfrac{s}{\sqrt{n}}}$$

모표준편차 σ를 모르고 있으므로 σ 대신에 표본의 표준편차인 s를 대입한다.

《순서 4》 p값의 산출

유의수준과 비교할 확률 p를 계산한다. p값은 자유도 $\phi = n - 1$의 t 분포에 있어서 $|t|$ 이상의 값이 발생할 확률이다.

《순서 5》 판정

p값 ≤ 유의수준 α → 귀무가설 H_0를 기각한다

p값 > 유의수준 α → 귀무가설 H_0를 채택한다

🌀 검정통계량 *t*값과 확률 *p*값의 산출

《순서 1》 데이터의 입력

셀 B2:B21 영역에 데이터를 입력한다.

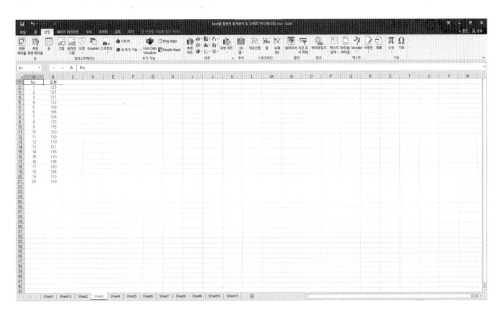

《순서 2》 기본 정보의 입력

셀 F2:F5 영역에 주어진 기본 정보를 입력한다.

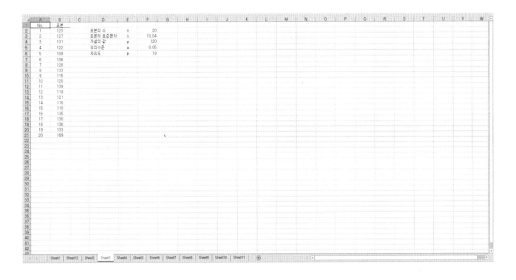

[셀의 입력내용]

[셀의 입력내용]

F2; = 20

F3; = STDEV.S(B2:B21)

F4; = 120

F5; = 0.05

F6; = F2 - 1

《순서 3》 수식 및 통계함수에 의한 산출

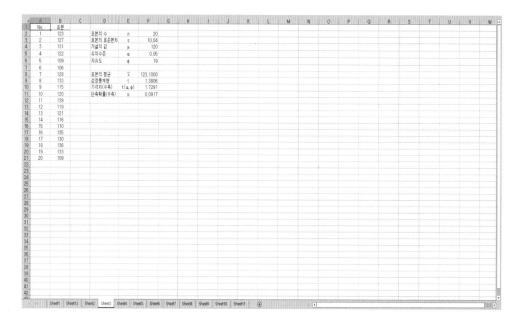

[셀의 입력내용]

F8; = AVERAGE(B2:B21)

F9; = (F8 - F4)/(F3/SQRT(F2))

F10; = T.INV(2*F5, F6)

F11; = IF(F9>0, T.DIST.RT(F9, F6, 1), 1 - T.DIST(ABS(F9), F6, 1))

결과에 대한 판정

검정통계량 t값과 기각치(우측)를 비교하면

검정통계량 t값 = 1.3806 < 기각치(우측) = 1.7291

으로 채택영역에 속하므로 귀무가설 H_0를 채택한다.

유의수준과 비교할 확률 p값을 보면

$$p값 = 0.0917 > 유의수준 \alpha = 0.05$$

이므로 귀무가설 H_0는 기각할 수 없다. 즉, 페인트의 건조시간이 120분 이내라고 하는 회사측의 주장을 기각할 수 없다.

통계함수 T.DIST

통계함수 T.DIST(x, deg_freedom, tails)는 스튜던트 t 분포의 값을 구해 준다. 즉, t 분포에 있어서 어떤 값(x) 이상의 확률을 구하기 위한 함수이다. deg_freedom은 자유도($n - 1$)를 의미한다. tails(꼬리부)는 단측이면 1, 양측이면 2를 입력한다.

예 |

T.DIST.RT(1.3806, 19) = 0.092

T.DIST.RT(2.093, 19)　　 = 0.025

T.DIST.RT(2.093, 19)　　 = 0.050

T.DIST.RT(- 2.093, 19) = #NUM!(x의 값을 마이너스로 지정하면 에러가 된다)

통계함수 T.DIST를 이용하여 유의확률 p값을 구할 때의 주의사항

대립가설의 유형에 따라서 구별하여 사용해야 한다. 검정통계량을 t라 할 때 다음과 같이 계산한다.

(1) H_1 : $\mu \neq \mu_0$일 때는
$$p = \text{T.DIST.2T(ABS}(t), \text{ deg\_freedom})$$

(2) H_1 : $\mu > \mu_0$일 때는
$$p = \text{T.SDIST.RT}(t, \text{ deg\_freedom})$$

(3) H_1 : $\mu < \mu_0$일 때는
$$p = \text{T.SDIST}(x, \text{ deg\_freedom, cumulative})$$

통계함수 T.INV

통계함수 T.INV(probability, deg_freedom)는 스튜던트 t 분포의 역함수 값을 구해 준다. 즉, t 분포에 있어서 양측의 확률이 p가 되는 점을 구하기 위한 함수이다.

예|

T.INV(0.050, 19) = -1.729
T.INV(0.025, 19) = -2.093

T.DIST(-1.729, 19, 1) = 0.050
T.DIST(-2.093, 19, 1) = 0.025

|예제| 10-4

[예제 10-3]의 데이터를 이용해서 페인트에 대한 모평균을 추정하라.

모집단의 구간추정(모표준편차 σ를 모르고 있을 때)

모표준편차 σ를 모르고 있는 모집단으로부터 크기 n의 무작위표본을 취하여 표본평균 $\bar{x}$를 얻었다고 한다. 표본평균의 변환치 $t = (\bar{x} - \mu)/(s/\sqrt{n})$는 t 분포에 따르기 때문에 모평균 μ의 $1 - \alpha$ 신뢰구간은

$$\bar{x} - t(\alpha, \phi)\frac{s}{\sqrt{n}} \le \mu \le \bar{x} + t(\alpha, \phi)\frac{s}{\sqrt{n}}$$

로 주어진다. 그런데 이 신뢰구간이 의미하는 것은 다음과 같다. 크기 n의 표본평균 $\bar{x}$의 분포로부터

$$P\left(\bar{x} - t(\alpha, \phi)\frac{s}{\sqrt{n}} \le \mu \le \bar{x} + t(\alpha, \phi)\frac{s}{\sqrt{n}}\right) = 1 - \alpha$$

라고 하는 관계가 얻어지는데, 이것은 $\bar{x}$가 모평균 μ의 근처 $\pm t(\alpha, \phi)\frac{s}{\sqrt{n}}$의 구간 내에 있을 확률이 $1 - \alpha$라고 하는 것을 의미한다.

신뢰한계의 산출

앞의 가설검정의 결과에 추가한다.

결과의 해석방법

모평균 μ의 95% 신뢰구간은 다음과 같다.

$$118.4004 \leq \mu \leq 127.7996$$

| 예제 | 10-5

[예제 10-3]의 데이터를 기술 통계법에 의해서 모평균을 추정하라.

기술 통계법에 의한 구간추정

《순서 1》 데이터의 입력

《순서 2》기술 통계법의 선택

메뉴에서 [데이터]-[데이터 분석]을 선택한다.

[통계 데이터 분석] 대화상자가 나타난다.

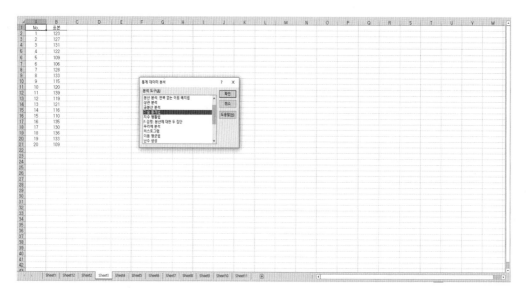

《순서 3》[기술 통계법]을 선택하고, [확인] 버튼을 클릭한다.

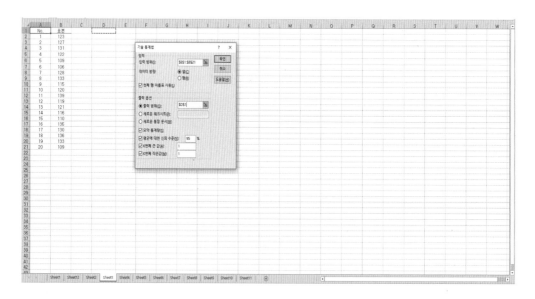

[기술 통계법] 대화상자에서 위와 같이 입력하고 [확인] 버튼을 클릭한다.

No.	표본		표본	
1	123			
2	127	평균		123.1
3	131	표준 오차		2.245346
4	122	중앙값		122.5
5	109	최빈값		109
6	106	표준 편차		10.04149
7	128	분산		100.8316
8	133	첨도		-1.12991
9	115	왜도		-0.1769
10	120	범위		33
11	139	최소값		106
12	119	최대값		139
13	121	합		2462
14	116	관측수		20
15	110	가장 큰 값(1)		139
16	135	가장 작은 값(1)		106
17	130	신뢰 수준(95.0%)		4.699563
18	136			
19	133			
20	109			

결과의 해석방법

모평균 μ의 1 - α신뢰구간은

$$\overline{x} - t\,(\alpha,\,\phi)\,\frac{s}{\sqrt{n}} \;\leq\; \mu \;\leq\; \overline{x} + t\,(\alpha,\,\phi)\,\frac{s}{\sqrt{n}}$$

표본평균 - 신뢰수준 $\leq \mu \leq$ 표본평균 + 신뢰수준

123.1000 - 4.6996 $\leq \mu \leq$ 123.1000 + 4.6996

118.4004 $\leq \mu \leq$ 127.7996

여기에서,

$$\frac{s}{\sqrt{n}} = \frac{10.0415}{\sqrt{20}} = 2.2453 \qquad : \text{표준오차}$$

$$t\,(\alpha,\phi)\,\frac{s}{\sqrt{n}} = 2.0931\,\frac{10.0415}{\sqrt{20}} = 4.6996 \quad : \text{신뢰수준}$$

을 의미한다.

1. 두 모평균의 차에 관한 검정과 추정

|예제| 10-6

A, B 두 회사에서 생산되는 형광등의 수명에 차이가 나는지를 알아 보려고 한다. 각각 60개의 형광등을 표본추출하여 평균수명을 측정한 결과가 다음의 데이터표와 같다.

No.	A	B	No.	A	B	No.	A	B
1	5109.8	2331.7	21	5087.1	7231.7	41	4137.4	6196.5
2	4279.0	5276.1	22	5050.3	5001.7	42	4644.8	5685.6
3	5572.6	4327.1	23	6506.2	4036.9	43	4071.7	6705.1
4	6450.0	5935.8	24	5292.5	2723.5	44	5056.6	6464.3
5	6383.6	5326.6	25	5206.8	2936.4	45	5337.4	5219.4
6	6838.2	5081.3	26	4928.8	4840.3	46	5388.9	4138.4
7	3509.0	4772.3	27	7041.4	5201.5	47	5090.7	5039.9
8	5165.9	6292.5	28	6100.8	5293.9	48	7230.3	4460.7
9	6295.8	5984.8	29	7384.3	5366.6	49	3883.9	6136.7
10	4441.3	5742.1	30	4808.3	5379.5	50	4739.0	4380.8
11	4778.3	4260.3	31	6777.2	4231.5	51	3174.1	5841.2
12	3928.1	6122.9	32	3994.5	5517.2	52	6595.5	6061.9
13	3795.1	5641.2	33	5823.1	5013.6	53	4277.2	7649.6
14	4534.0	5159.4	34	6131.9	4776.9	54	4809.5	8298.2
15	4707.5	4653.5	35	6996.1	3666.4	55	6009.1	5390.0
16	3564.8	3120.3	36	5293.2	5380.8	56	5761.7	4875.5
17	4882.3	3895.7	37	4919.8	5852.7	57	6108.4	4550.5
18	5021.6	4807.4	38	5938.9	5915.1	58	5871.4	4635.7
19	5479.6	4158.6	39	5040.9	5174.1	59	4198.9	6048.4
20	5054.3	4230.3	40	6009.0	4648.1	60	4416.6	3294.7

두 회사에서 생산되는 형광등의 수명에 대한 분산이 각각 722,500시간, 855,625시간이라고 할 경우, 두 회사 형광등의 평균수명이 다르다고 할 수 있는가? 5%의 유의수준으로 검정하라.

두 모집단의 분산을 알고 있는 경우

우리의 주변에는 두 모집단의 모수를 비교해야 할 경우가 흔히 발생한다. 예를 들면 대졸 신입사원의 평균임금과 고졸 신입사원의 평균임금 사이의 차이를 알고자 하는 경우를 들 수 있다. 이것은 대졸 신입사원 전체의 평균임금(μ_1)과 고졸 신입사원 전체의 평균임금(μ_2) 사이의 차이, 즉 ($\mu_1 - \mu_2$)에 대한 가설검정을 필요로 한다.

평균이 각각 μ_1, μ_2이고 분산이 각각 $\sigma_1{}^2$, $\sigma_2{}^2$인 정규분포를 이루는 두 모집단에서 표본의 크기가 각각 n_1, n_2인 표본추출을 한다고 하자. 이때 표본평균의 차이 $(\overline{x_1} - \overline{x_2})$는 평균이 $(\mu_1 - \mu_2)$, 분산이 $(\sigma_1{}^2/n_1 + \sigma_2{}^2/n_2)$인 정규분포를 하게 되므로,

$$\{(\overline{x_1} - \overline{x_2}) - (\mu_1 - \mu_2)\} / \sqrt{(\sigma_1{}^2/n_1 + \sigma_2{}^2/n_2)}$$

는 표준정규분포를 하게 된다. 따라서 $\sigma_1{}^2$, $\sigma_2{}^2$을 알고 있는 경우 ($\mu_1 - \mu_2$)에 대한 가설검정에서는 Z 통계량을 검정통계량으로 사용할 수 있다.

귀무가설에서의 두 모평균의 차이가 ($\mu_1 - \mu_2$)인 경우 검정통계량은 다음과 같다.

두 모평균의 차에 대한 검정통계량($\sigma_1{}^2$, $\sigma_2{}^2$을 알고 있는 경우)

$$Z = \frac{(\overline{x_1} - \overline{x_2}) - (\mu_1 - \mu_2)}{\sqrt{\dfrac{\sigma_1{}^2}{n_1} + \dfrac{\sigma_2{}^2}{n_2}}}$$

($\mu_1 - \mu_2$)에 대한 가설검정의 절차는 전술한 모평균에 관한 검정절차와 같다. 이때 귀무가설과 대립가설은 다음과 같이 설정한다.

$$H_0 : \mu_1 - \mu_2 = 0$$
$$H_1 : \mu_1 - \mu_2 \neq 0$$

단, 여기에서는 통계함수를 이용하지 않고 Excel에 내장되어 있는 분석 도구를 이용하기로 한다.

《순서 1》 데이터의 입력

셀 B1에서 C61까지 데이터를 입력한다. 단, B열에는 A회사의 데이터를, C열에는 B회사의
데이터를 입력한다.

《순서 2》 분석 도구의 호출

메뉴에서 [데이터]–[데이터 분석]을 선택한다.
[통계 데이터 분석] 대화상자가 나타난다.

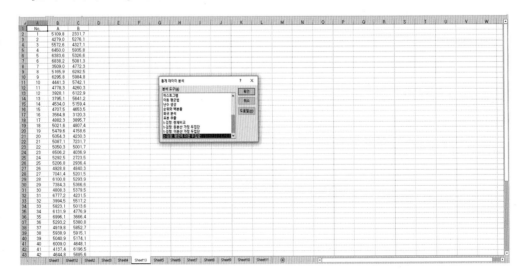

[z-검정 : 평균에 대한 두 집단]을 선택하고 [확인] 버튼을 클릭한다.

《순서 3》 검정을 위한 데이터의 입력 및 범위지정

[z-검정 : 평균에 대한 두 집단] 대화상자가 나타나면 다음과 같이 입력하고 [확인] 버튼을 클릭한다.

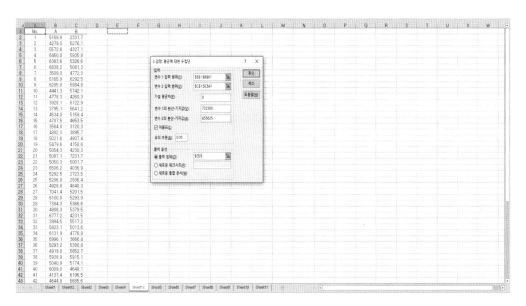

《순서 4》 분석결과의 출력

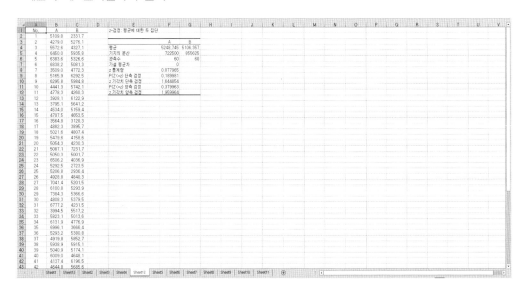

결과에 대한 판정

유의수준과 비교할 확률 p값을 보면,

$$p값 = 0.3800 > 유의수준 \ \alpha = 0.05$$

이므로 귀무가설 H_0는 채택된다. 즉, 두 모평균의 차이는 없다고 할 수 있다.

| 예제 | 10-7

[예제 10-6]의 데이터에 대해서 두 모평균의 차를 신뢰도 95%로 구간추정하라.

두 모평균의 차에 대한 구간추정(두 모집단의 분산을 알고 있는 경우)

전술한 바와 같이 평균이 각각 μ_1, μ_2이고 분산이 각각 $\sigma_1{}^2$, $\sigma_2{}^2$인 정규분포를 이루는 두 모집단에서 표본의 크기가 각각 n_1, n_2인 표본추출을 한다고 하자. 이때 표본평균의 차이 $(\overline{x_1} - \overline{x_2})$는 평균이 $(\mu_1 - \mu_2)$, 분산이 $(\sigma_1{}^2/n_1 + \sigma_2{}^2/n_2)$인 정규분포를 하게 되므로,

$$\left\{ (\overline{x_1} - \overline{x_2}) - (\mu_1 - \mu_2) \right\} / \sqrt{(\sigma_1{}^2/n_1 + \sigma_2{}^2/n_2)}$$

는 표준정규분포를 하게 된다.

따라서 두 모평균의 차에 대한 $1-\alpha$의 신뢰도를 갖는 신뢰구간은 다음과 같다.

$$(\overline{x_1} - \overline{x_2}) - z_{\alpha/2} \sqrt{\frac{\sigma_1{}^2}{n_1} + \frac{\sigma_2{}^2}{n_2}} \leq (\mu_1 - \mu_2) \leq (\overline{x_1} - \overline{x_2}) + z_{\alpha/2} \sqrt{\frac{\sigma_1{}^2}{n_1} + \frac{\sigma_2{}^2}{n_2}}$$

Hint

신뢰구간은 표본 통계량에서 파생되어 알 수 없는 모집단 모수 값이 포함될 가능성이 있는 값의 범위이다. 표본은 랜덤하게 추출하는 특성이 있기 때문에 특정 모집단에서 선택한 두 표본의 신뢰구간이 동일하게 될 가능성은 없다. 그러나 표본추출을 여러 번 반복하면 일정한 백분율의 신뢰구간에는 알 수 없는 모집단 모수가 포함된다. 오른쪽 그림에서 검은색 수평선은 알 수 없는 모평균 μ의 고정 값을 나타낸다. 수평선과 겹치는 파란색 수직 신뢰구간에는 모평균의 값이 포함된다. 완전히 수평선 아래 있는 빨간색 신뢰구간에는 모평균의 값이 포함되지 않는다. 95% 신뢰구간은 한 모집단에서 선택한 20개의 표본 중 19개(95%)가 모집단 모수를 포함하는 신뢰구간을 생성할 것임을 나타낸다.

🌙 신뢰한계의 산출

앞의 가설검정 결과에 추가한다.

	No.	A	B		z-검정: 평균에 대한 두 집단		
1		A	B				
2	1	5109.8	2331.7				
3	2	4279.0	5276.1				A	B
4	3	5572.6	4327.1		평균	5248.745	5106.3575
5	4	6450.0	5935.8		기지의 분산	722500	855625
6	5	6383.6	5326.6		관측수	60	60
7	6	6838.2	5081.3		가설 평균차	0	
8	7	3509.0	4772.3		z 통계량	0.877965	
9	8	5165.9	6292.5		P(Z<=z) 단측 검정	0.189981	
10	9	6295.8	5984.8		z 기각치 단측 검정	1.644854	
11	10	4441.3	5742.1		P(Z<=z) 양측 검정	0.379963	
12	11	4778.3	4260.3		z 기각치 양측 검정	1.959964	
13	12	3928.1	6122.9				
14	13	3795.1	5641.2		유의수준	α	0.05
15	14	4534.0	5159.4		기각치(양측)	z(α/2)	1.9600
16	15	4707.5	4653.5		신뢰도	1-α	0.95
17	16	3564.8	3120.3		신뢰하한		-175.4778
18	17	4882.3	3895.7		신뢰상한		460.2529
19	18	5021.6	4807.4				
20	19	5479.6	4158.6				
21	20	5054.3	4230.3				
22	21	5087.1	7231.7				
23	22	5050.3	5001.7				
24	23	6506.2	4036.9				
25	24	5292.5	2723.5				
26	25	5206.8	2936.4				
27	26	4928.8	4840.3				
28	27	7041.4	5201.5				
29	28	6100.8	5293.9				
30	29	7384.3	5366.6				
31	30	4808.3	5379.5				
32	31	6777.2	4231.5				
33	32	3994.5	5517.2				
34	33	5823.1	5013.6				
35	34	6131.9	4776.9				
36	35	6996.1	3666.4				
37	36	5293.2	5380.8				
38	37	4919.8	5852.7				
39	38	5938.9	5915.1				
40	39	5040.9	5174.1				
41	40	6009.0	4648.1				
42	41	4137.4	6196.5				

[셀의 입력내용]

G14; 0.05

G15; = NORM.S.INV(1 - G14/2)

G16; = 1 - G14

G17; = (F4 - G4) - ABS(NORM.S.INV(1 - G14/2)*SQRT(F5/F6 + G5/G6))

G18; = (F4 - G4) + ABS(NORM.S.INV(1 - G14/2)*SQRT(F5/F6 + G5/G6))

🌙 결과의 해석방법

두 모평균의 차에 대한 95% 신뢰구간은 다음과 같다.

$$-175.4778 \le \mu_1 - \mu_2 \le 460.2529$$

K대학교 경영학과 교수는 자신의 과목을 수강하는 남·여 학생들 간에 IQ의 차이가 있는 가를 조사하려고 한다. 이를 위해 남·여 학생 각각 15명을 표본추출하여 IQ 테스트를 실시한 결과가 다음과 같았다.

No.	남학생	여학생
1	130	106
2	125	104
3	126	134
4	109	107
5	100	131
6	118	133
7	117	122
8	118	101
8	118	101
9	131	109
10	124	144
11	127	122
12	104	124
13	120	120
14	130	119
15	130	114

이 교수의 과목을 수강하는 남·여 학생들의 평균 IQ가 다르다고 할 수 있는가를 5%의 유의수준으로 검정하라(단, 남·여 학생들의 IQ는 각각 정규분포를 이루고 동일한 분산을 갖는다).

🌙 두 모집단의 분산을 모르고 있는 경우

두 모평균의 차에 대한 가설검정에 있어서 두 모집단의 분산을 알고 있는 경우보다는 모르고 있는 경우가 더 일반적이다. 이러한 경우에는 두 모집단에서 추출된 표본의 크기가 충분히 큰 경우($n_1 \geqq 30$, $n_2 \geqq 30$)와 작은 경우로 구분하여 가설검정을 실시할 수 있다.

(1) 대표본의 경우

두 모집단의 분산을 모르고 있는 경우에는 $\sigma_1{}^2$과 $\sigma_2{}^2$에 대한 추정량인 표본의 분산($s_1{}^2$과

$s_2{}^2)$을 이용하여 $(\overline{x_1} - \overline{x_2})$의 표준편차를 계산한다. 따라서 평균이 각각 μ_1, μ_2인 두 모집단에서 표본의 크기가 각각 n_1, n_2인 표본추출(단, $n_1 \geqq 30$, $n_2 \geqq 30$)을 한다고 하자. 이때 표본평균의 차이 $(\overline{x_1} - \overline{x_2})$는 평균이 $(\mu_1 - \mu_2)$, 분산이 $(s_1{}^2/n_1 + s_2{}^2/n_2)$인 정규분포를 하게 되므로,

$$\{(\overline{x_1} - \overline{x_2}) - (\mu_1 - \mu_2)\} / \sqrt{(s_1{}^2/n_1 + s_2{}^2/n_2)}$$

는 표준정규분포를 하게 된다. 따라서 $\sigma_1{}^2$, $\sigma_2{}^2$을 모르고 대표본일 경우의 $(\mu_1 - \mu_2)$에 대한 가설검정에서는 Z 통계량을 검정통계량으로 사용할 수 있다.

(2) 소표본이고 등분산($\sigma_1{}^2 = \sigma_2{}^2$)인 경우

두 모집단의 분산을 모르고 두 모집단에서 추출된 표본의 크기가 작을 경우 두 모평균의 차에 대한 가설검정은 어떻게 할 것인가? 등분산($\sigma_1{}^2 = \sigma_2{}^2$)을 가정하고 있으므로 $s_1{}^2$과 $s_2{}^2$을 이용하여 σ^2에 대한 추정량을 구한 후 $\sqrt{\sigma_1{}^2/n_1 + \sigma_2{}^2/n_2}$ 에 적용하는 것이 바람직하다.

σ^2에 대한 추정량을 구하는 방법은 각 표본의 자유도($n_1 - 1$과 $n_2 - 1$)를 가중치로 하여 $s_1{}^2$과 $s_2{}^2$의 가중평균을 구하는 방법을 사용하며 이 추정량을 σ^2에 대한 합동추정량(pooled estimator)이라 한다.

σ^2에 대한 합동추정량

$$s_p{}^2 = \frac{(n_1 - 1)s_1{}^2 + (n_2 - 1)s_2{}^2}{n_1 + n_2 - 2} = \frac{S_1 + S_2}{\phi_1 + \phi_2}$$

여기에서 S_1 : 그룹 1의 편차제곱의 합
S_2 : 그룹 2의 편차제곱의 합
ϕ_1 : 그룹 1의 자유도($n_1 - 1$)
ϕ_2 : 그룹 2의 자유도($n_2 - 1$)

위의 합동추정량은 두 모집단의 분산이 동일하다는 전제 하에서만 유효하다. 그런데 서로 다른 두 모집단의 각각의 분산이 동일한 경우가 있을 수 있겠는가? 특수한 경우를 제외하고는 거의 없을 것이다. 그러면 합동추정량은 어떤 경우에 이용될 수 있는가? 여기에서 $\sigma_1{}^2 = \sigma_2{}^2$이

라는 것은 정확히 동일하다는 의미라고 하기보다는 거의 다르지 않다는 의미이며, 특히 표본의 크기 n_1과 n_2가 동일할 경우에는 합동추정량을 이용해도 무방하다.

🌙 등분산을 가정했을 때의 검정절차

《순서 1》 가설의 설정

$$H_0 \; : \; \mu_1 = \mu_2$$

$$H_1 \; : \; \mu_1 \neq \mu_2$$

대립가설은 귀무가설을 부정하는 것으로 다음과 같은 세 가지의 경우를 생각할 수 있다.

(1) $H_1 \; : \; \mu_1 \neq \mu_2$

(2) $H_1 \; : \; \mu_1 > \mu_2$

(3) $H_1 \; : \; \mu_1 < \mu_2$

이 예제에서는 남·여 학생들의 평균 IQ가 같은지 다른지에 관심이 있으므로 (1)의 가설이 된다.

《순서 2》 유의수준의 설정

$$유의수준 \quad \alpha = 0.05$$

(경우에 따라서는 유의수준을 0.01 또는 0.1이라고 설정할 수도 있다)

《순서 3》 합동추정량(공동분산)의 산출

$\sigma^2(=\sigma_1{}^2=\sigma_2{}^2)$에 대한 합동추정량

$$s_p{}^2 = \frac{(n_1-1)s_1{}^2 + (n_2-1)s_2{}^2}{n_1+n_2-2} = \frac{S_1+S_2}{\phi_1+\phi_2}$$

여기에서 S_1 : 그룹 1의 편차제곱의 합

S_2 : 그룹 2의 편차제곱의 합

ϕ_1 : 그룹 1의 자유도(n_1 - 1)

ϕ_2 : 그룹 2의 자유도(n_2 - 1)

《순서 4》 검정통계량 t값의 산출

$$t = \frac{(\overline{x_1} - \overline{x_2}) - (\mu_1 - \mu_2)}{\sqrt{\dfrac{s_p^2}{n_1} + \dfrac{s_p^2}{n_2}}} = \frac{(\overline{x_1} - \overline{x_2})}{\sqrt{s_p^2 \left(\dfrac{1}{n_1} + \dfrac{1}{n_2}\right)}}$$

《순서 5》 p값의 산출

유의수준과 비교할 확률 p를 계산한다. p값은 자유도 $\phi_1 + \phi_2 (n_1 + n_2 - 2)$의 t 분포에 있어서 $|t|$ 이상의 값이 발생할 확률이다.

《순서 6》 판정

p값 $\leq$ 유의수준 $\alpha \rightarrow$ 귀무가설 H_0를 기각한다
p값 $>$ 유의수준 $\alpha \rightarrow$ 귀무가설 H_0를 채택한다

Excel에 의한 해법

《순서 1》 데이터의 입력

셀 B1에서 C16까지 데이터를 입력한다. 단, B열에는 남학생의 데이터를, C열에는 여학생의 데이터를 입력한다.

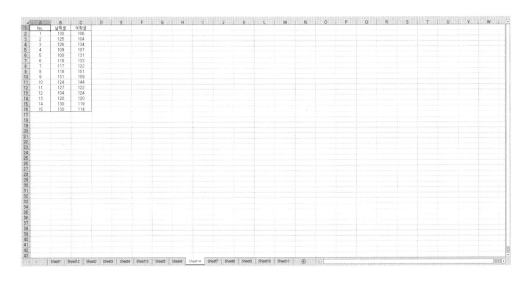

《순서 2》 분석 도구의 호출

메뉴에서 [데이터]-[데이터 분석]을 선택한다.

[통계 데이터 분석] 대화상자가 나타난다.

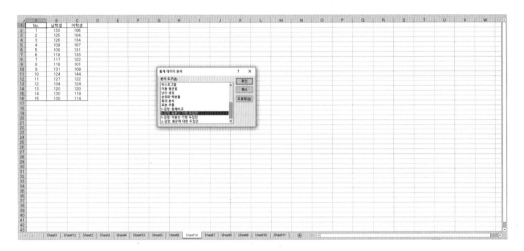

[t-검정 : 등분산 가정 두 집단]을 선택하고 [확인] 버튼을 클릭한다.

《순서 3》 검정을 위한 데이터의 입력 및 범위지정

[t-검정 : 등분산 가정 두 집단] 대화상자가 나타나면 다음과 같이 입력하고 [확인] 버튼을 클릭한다.

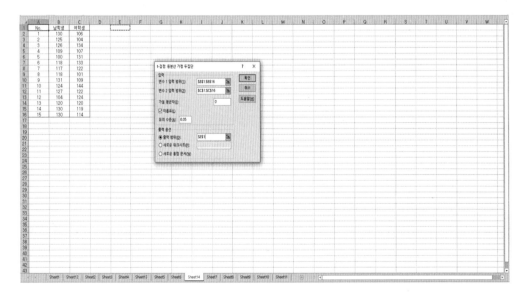

《순서 4》 분석결과의 출력

A	B	C	D	E	F	G
No.	남학생	여학생		t-검정: 등분산 가정 두 집단		
1	130	106				
2	125	104			남학생	여학생
3	126	134		평균	120.6	119.3333
4	109	107		분산	95.4	158.5238
5	100	131		관측수	15	15
6	118	133		공동(Pooled) 분산	126.9619	
7	117	122		가설 평균차	0	
8	118	101		자유도	28	
9	131	109		t 통계량	0.307862	
10	124	144		P(T<=t) 단측 검정	0.380233	
11	127	122		t 기각치 단측 검정	1.701131	
12	104	124		P(T<=t) 양측 검정	0.760466	
13	120	120		t 기각치 양측 검정	2.048407	
14	130	119				
15	130	114				

🌙 결과에 대한 판정

유의수준과 비교할 확률 p값(양측 검정)을 보면,

$$p값 \ = \ 0.7605 \ > \ 유의수준 \ \alpha \ = \ 0.05$$

이므로 귀무가설 H_0는 채택된다. 즉, 두 모평균의 차이는 없다고 할 수 있다.

🌙 등분산을 가정하지 않을 때의 검정절차

등분산을 가정했을 경우의 모평균 차에 관한 검정방법은 흔히 Student의 t 검정이라고 불리고 있다. 한편 등분산을 가정하지 않을 경우의 모평균 차에 관한 검정은 Welch의 t 검정에 의해서 실시된다. Welch의 t 검정절차는 다음과 같다.

《순서 1》 가설의 설정

$$H_0 \ : \ \mu_1 = \mu_2$$

$$H_1 \ : \ \mu_1 \neq \mu_2$$

대립가설은 귀무가설을 부정하는 것으로 다음과 같은 세 가지의 경우를 생각할 수 있다.

$$(1) \quad H_1 \quad : \mu_1 \neq \mu_2$$

$$(2) \quad H_1 \quad : \mu_1 > \mu_2$$

$$(3) \quad H_1 \quad : \mu_1 < \mu_2$$

이 예제에서는 전술한 바와 같이 남·여 학생들의 평균 IQ가 같은지 다른지에 관심이 있으므로 (1)의 가설이 된다.

《순서 2》 유의수준의 설정

$$유의수준 \ \alpha = 0.05$$

(경우에 따라서는 유의수준을 0.01 또는 0.1이라고 설정할 수도 있다)

《순서 3》 검정통계량 t값의 산출

$$t = \frac{(\overline{x_1} - \overline{x_2}) - (\mu_1 - \mu_2)}{\sqrt{\dfrac{s_1^{\,2}}{n_1} + \dfrac{s_2^{\,2}}{n_2}}} = \frac{(\overline{x_1} - \overline{x_2})}{\sqrt{\dfrac{s_1^{\,2}}{n_1} + \dfrac{s_2^{\,2}}{n_2}}}$$

《순서 4》 등가자유도 ϕ^*의 산출

$$\phi^* = \frac{\left(\dfrac{s_1^{\,2}}{n_1} + \dfrac{s_2^{\,2}}{n_2}\right)^2}{\left(\dfrac{s_1^{\,2}}{n_1}\right)^2 \dfrac{1}{n_1 - 1} + \left(\dfrac{s_2^{\,2}}{n_2}\right)^2 \dfrac{1}{n_2 - 1}}$$

《순서 5》 p값의 산출

유의수준과 비교할 확률 p를 계산한다. p값은 등가자유도 ϕ^*의 t 분포에 있어서 $|t|$ 이상의 값이 발생할 확률이다.

《순서 6》 판정

$$p값 \leq \quad 유의수준 \quad \alpha \rightarrow 귀무가설 \quad H_0를 \; 기각한다$$

$$p값 > \quad 유의수준 \quad \alpha \rightarrow 귀무가설 \quad H_0를 \; 채택한다$$

Excel에 의한 해법

《순서 1》 데이터의 입력

셀 B1에서 C16까지 데이터를 입력한다. 단, B열에는 남학생의 데이터를, C열에는 여학생의 데이터를 입력한다.

《순서 2》 분석 도구의 호출

메뉴에서 [데이터]-[데이터 분석]을 선택한다.
[통계 데이터 분석] 대화상자가 나타난다.

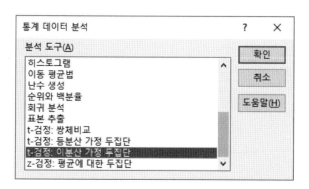

[t-검정 : 이분산 가정 두 집단]을 선택하고 [확인] 버튼을 클릭한다.

《순서 3》검정을 위한 데이터의 입력 및 범위지정

[*t* -검정 : 이분산 가정 두 집단] 대화상자가 나타나면 다음과 같이 입력하고 [확인] 버튼을 클릭한다.

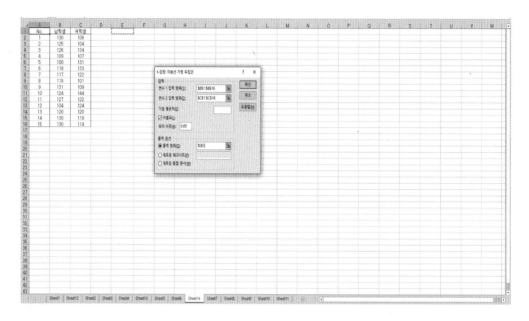

《순서 4》분석결과의 출력

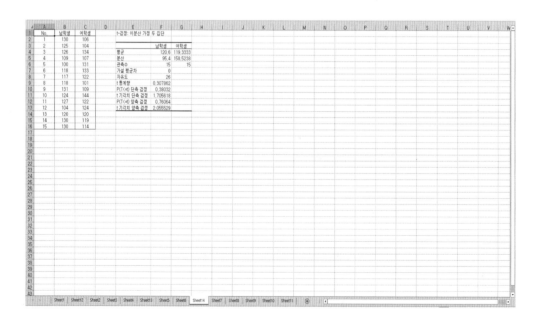

결과에 대한 판정

유의수준과 비교할 확률 p값(양측 검정)을 보면,

$$p값 \; = \; 0.7606 > 유의수준 \; \alpha = 0.05$$

이므로 귀무가설 H_0는 채택된다. 즉, 두 모평균의 차이는 없다고 할 수 있다.

| 예제 | 10-9

[예제 10-8]의 데이터에 대해서 등분산을 가정한 경우와 등분산을 가정하지 않은 경우에 두 모평균의 차를 신뢰도 95%로 구간추정하라.

두 모평균의 차에 관한 구간추정

(1) 등분산을 가정했을 때의 구간추정

두 모평균의 차에 대한 $1-\alpha$의 신뢰도를 갖는 신뢰구간은 다음과 같다.

$$(\overline{x_1} - \overline{x_2}) - t(\alpha, \phi)\sqrt{s_p^{\,2}\left(\frac{1}{n_1} + \frac{1}{n_2}\right)} \leq (\mu_1 - \mu_2) \leq (\overline{x_1} - \overline{x_2}) + t(\alpha, \phi)\sqrt{s_p^{\,2}\left(\frac{1}{n_1} + \frac{1}{n_2}\right)}$$

여기에서 $\sigma^2(=\sigma_1^{\,2} = \sigma_2^{\,2})$에 대한 합동추정량(공동분산)

$$s_p^{\,2} = \frac{(n_1 - 1)s_1^{\,2} + (n_2 - 1)s_2^{\,2}}{n_1 + n_2 - 2} = \frac{S_1 + S_2}{\phi_1 + \phi_2}$$

S_1 : 그룹 1의 편차제곱의 합

S_2 : 그룹 2의 편차제곱의 합

ϕ_1 : 그룹 1의 자유도(n_1 - 1)

ϕ_2 : 그룹 2의 자유도(n_2 - 1)

(2) 등분산을 가정하지 않을 때의 구간추정

두 모평균의 차에 대한 $1-\alpha$의 신뢰도를 갖는 신뢰구간은 다음과 같다.

$$(\overline{x_1} - \overline{x_2}) - t(\alpha, \phi^*)\sqrt{\frac{s_1^{\,2}}{n_1} + \frac{s_2^{\,2}}{n_2}} \leq (\mu_1 - \mu_2) \leq (\overline{x_1} - \overline{x_2}) + t(\alpha, \phi^*)\sqrt{\frac{s_1^{\,2}}{n_1} + \frac{s_2^{\,2}}{n_2}}$$

여기에서 등가자유도

$$\phi^* = \frac{\left(\dfrac{s_1^2}{n_1} + \dfrac{s_2^2}{n_2}\right)^2}{\left(\dfrac{s_1^2}{n_1}\right)^2 \dfrac{1}{n_1 - 1} + \left(\dfrac{s_2^2}{n_2}\right)^2 \dfrac{1}{n_2 - 1}}$$

신뢰한계의 산출(등분산을 가정했을 때)

앞의 가설검정의 결과에 추가한다.

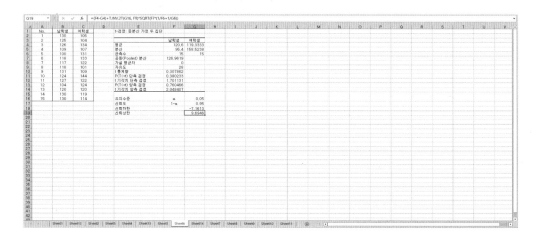

[셀의 입력내용]

G16; 0.05

G17; = 1 - G16

G18; = (F4 - G4) - T.INV.2T(G16, F9)*SQRT(F7*(1/F6 + 1/G6))

G19; = (F4 - G4) + T.INV.2T(G16, F9)*SQRT(F7*(1/F6 + 1/G6))

결과의 해석방법

두 모평균의 차에 대한 95% 신뢰구간은 다음과 같다.

$$-7.1613 \leq \mu_1 - \mu_2 \leq 9.6946$$

신뢰한계의 산출(등분산을 가정하지 않을 때)

앞의 가설검정의 결과에 추가한다.

[셀의 입력내용]

G15; 0.05

G16; =1 - G15

G17; = (F4 - G4) - T.INV.2T(G15, F8)*SQRT(F5/F6 + G5/G6)

G18; = (F4 - G4) + T.INV.2T(G15, F8)*SQRT(F5/F6 + G5/G6)

2. 쌍을 이룬 데이터의 모평균 차에 관한 검정과 추정

| 예제 | 10-10

어느 체육교사는 자신이 개발한 체육훈련 프로그램이 사람의 심장박동수에 어떤 영향을 미치는지 조사하려고 한다. 이를 위해 16명의 학생을 표본추출하여 훈련 전과 훈련 후의 심장박동수를 측정한 결과가 다음과 같았다.

No.	훈련 전	훈련 후	No.	훈련 전	훈련 후
1	68	67	9	75	71
2	76	77	10	74	74
3	74	74	11	76	73
4	71	74	12	77	68
5	71	69	13	78	71
6	72	70	14	75	72
7	75	71	15	75	77
8	83	77	16	76	73

이 프로그램이 사람의 심장박동수를 줄인다고 할 수 있는지를 5% 유의수준으로 검정하라. 단, 훈련으로 인한 심장박동수의 차이는 정규분포를 이룬다고 한다.

쌍을 이룬 데이터의 두 모평균 차에 관한 검정

《순서 1》 가설의 설정

$$H_0 \ : \ \mu_1 \ = \ \mu_2$$
$$H_1 \ : \ \mu_1 \ > \ \mu_2$$

대립가설은 귀무가설을 부정하는 것으로 다음과 같은 세 가지의 경우를 생각할 수 있다.

$$(1) \ H_1 \ : \ \mu_1 \ \neq \ \mu_2$$
$$(2) \ H_1 \ : \ \mu_1 \ > \ \mu_2$$
$$(3) \ H_1 \ : \ \mu_1 \ < \ \mu_2$$

이 예제에서는 전술한 바와 같이 훈련 후에 심장박동수가 줄었다고 할 수 있는지에 관심이 있으므로 (2)의 가설이 된다.

《순서 2》 유의수준의 설정

$$유의수준 \ \alpha = 0.05$$

(경우에 따라서는 유의수준을 0.01 또는 0.1이라고 설정할 수도 있다)

《순서 3》 각 쌍마다의 차의 산출

$$d_i \ = \ x_{1i} \ - \ x_{2i}$$

《순서 4》 d_i의 평균 $\bar{d}$ 와 표준편차 s_d의 산출

쌍을 이룬 표본(paired sample) 차이의 평균 $\bar{d}$의 분포에 대한 평균과 표준편차는 다음과 같다.

$$\mu_{\bar{d}} = \mu_d = \mu_1 - \mu_2$$
$$s_{\bar{d}} = \frac{s_d}{\sqrt{n}}$$

$$\text{여기에서} \quad s_d = \sqrt{\frac{\sum(d-\bar{d})^2}{n-1}}$$

《순서 5》 검정통계량 t값의 산출

$$t = \frac{\bar{d}-(\mu_1-\mu_2)}{\dfrac{s_d}{\sqrt{n}}} = \frac{\bar{d}}{\dfrac{s_d}{\sqrt{n}}}$$

《순서 6》 p값의 산출

유의수준과 비교할 확률 p를 계산한다. p값은 자유도 ϕ의 t 분포에 있어서 $|t|$ 이상의 값이 발생할 확률이다.

《순서 7》 판정

$$p값 \le 유의수준 \quad \alpha \rightarrow \quad 귀무가설 \ H_0를 \ 기각한다$$
$$p값 > 유의수준 \quad \alpha \rightarrow \quad 귀무가설 \ H_0를 \ 채택한다$$

Excel에 의한 해법

《순서 1》 데이터의 입력

셀 B1에서 C17까지 데이터를 입력한다. 단, B열에는 훈련 전의 데이터를, C열에는 훈련 후의 데이터를 입력한다.

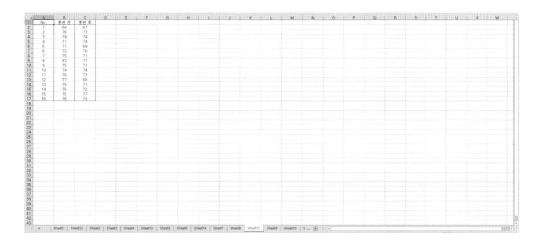

《순서 2》 분석 도구의 호출

메뉴에서 [데이터]-[데이터 분석]을 선택한다.
[통계 데이터 분석] 대화상자가 나타난다.

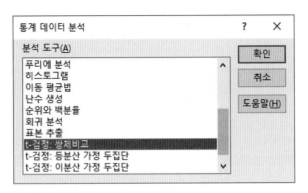

[t -검정 : 쌍체비교]를 선택하고 [확인] 버튼을 클릭한다.

《순서. 3》 검정을 위한 데이터의 입력 및 범위지정

[t -검정 : 쌍체비교] 대화상자가 나타나면 다음과 같이 입력하고 [확인] 버튼을 클릭한다.

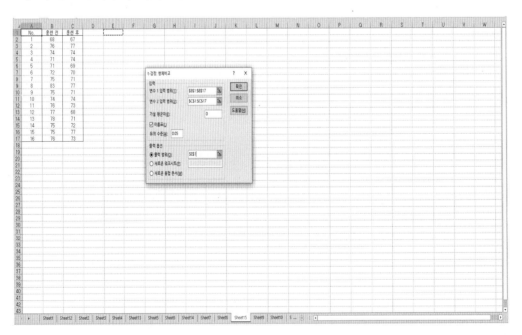

《순서 4》 분석결과의 출력

	No.	훈련 전	훈련 후		t-검정: 쌍체 비교			
2	1	68	67					
3	2	76	77				훈련 전	훈련 후
4	3	74	74		평균		74.75	72.375
5	4	71	74		분산		11.4	9.583333
6	5	71	69		관측수		16	16
7	6	72	70		피어슨 상관 계수		0.500689	
8	7	75	71		가설 평균차		0	
9	8	83	77		자유도		15	
10	9	75	71		t 통계량		2.92944	
11	10	74	74		P(T<=t) 단측 검정		0.005179	
12	11	76	73		t 기각치 단측 검정		1.75305	
13	12	77	68		P(T<=t) 양측 검정		0.010357	
14	13	78	71		t 기각치 양측 검정		2.13145	
15	14	75	72					
16	15	75	77					
17	16	76	73					

결과에 대한 판정

유의수준과 비교할 확률 p값(단측 검정)을 보면,

$$p값 \ = \ 0.0052 < 유의수준 \ α = 0.05$$

이므로 귀무가설 H_0는 기각된다. 즉, 훈련 후에 심장박동수가 줄었다고 할 수 있다.

그래프에 의한 확인

훈련 전과 훈련 후의 심장박동수를 각각 꺾은선형 그래프를 작성하여 비교해 보자.

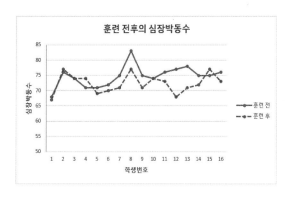

[예제 10-10]의 데이터에 대해서 두 모평균의 차를 신뢰도 95%로 구간추정하라.

🌣 쌍을 이룬 데이터의 두 모평균 차에 관한 구간추정

쌍을 이룬 데이터의 각 쌍마다의 차를 계산하여 그 평균 $\bar{d}$와 표준편차 s_d를 이용해서 다음의 식에 의해 모평균의 차에 대한 $1-\alpha$의 신뢰도를 갖는 신뢰구간을 구할 수 있다.

$$\bar{d} - t(\alpha, \phi)\frac{s_d}{\sqrt{n}} \leq (\mu_1 - \mu_2) \leq \bar{d} + t(\alpha, \phi)\frac{s_d}{\sqrt{n}}$$

$$\text{여기에서 } s_d = \sqrt{\frac{\sum(d-\bar{d})^2}{n-1}}$$

🌣 신뢰한계의 산출(쌍을 이룬 데이터의 경우)

앞의 가설검정의 결과에 추가한다.

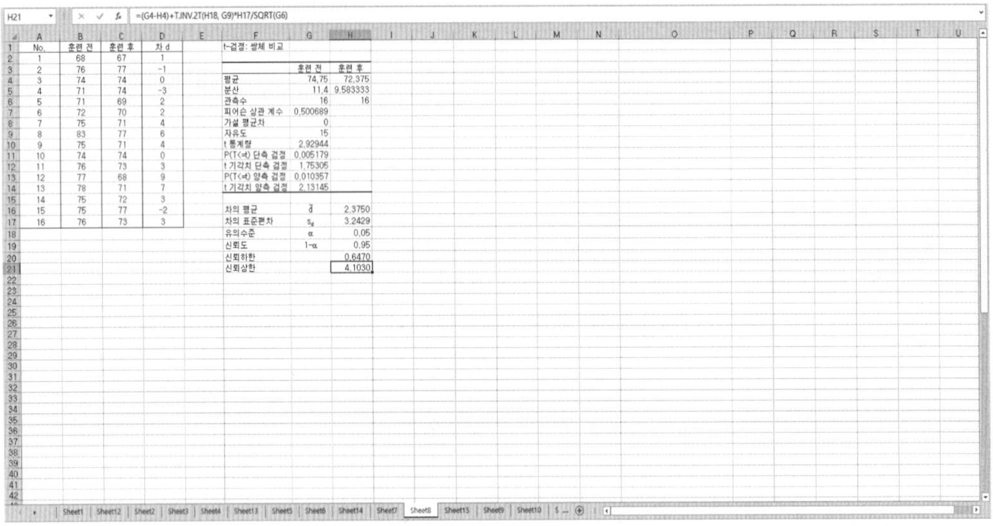

[셀의 입력내용]

H16; = AVERAGE(D2:D17)

H17; = STDEV.S(D2:D17)

H18; 0.05

H19; = 1 - H18

H20; = (G4 - H4) - T.INV.2T(H18, G9)*H17/SQRT(G6)

H21; = (G4 - H4) + T.INV.2T(H18, G9)*H17/SQRT(G6)

결과의 해석방법

두 모평균의 차에 대한 95% 신뢰구간은 다음과 같다.

$$0.6470 \leq \mu_1 - \mu_2 \leq 4.1030$$

Chapter 11

분산에 관한 분석

Chapter 11

분산에 관한 분석

1. 모분산에 관한 검정과 추정

1. 모분산에 관한 검정

|예제| 11-1

어느 초등학교에서 작년에 IQ 테스트를 실시한 결과 분산이 256으로 나타났다. 금년에도 작년과 동일한 분포를 이루는지 알아 보기 위해 25명을 표본추출하여 IQ 테스트를 실시했다. 그 결과는 다음과 같다.

91	96	106	116	97
102	96	124	115	121
95	111	105	101	86
88	129	112	82	98
104	118	127	66	102

금년의 IQ의 분산이 작년과 동일하다고 할 수 있는지를 5%의 유의수준으로 검정하라. 이 학교 학생들의 IQ는 정규분포를 이룬다고 가정한다.

분산의 표본분포

분산의 표본분포는 하나의 모집단에서 크기 n의 가능한 표본을 추출하여 각 표본의 분산을 계산함으로써 얻을 수 있다. 그런데 분산의 표본분포를 구하는 대신에 확률변수 $(n-1)s^2/\sigma^2$의 표본분포를 구하는 것이 적당한 것으로 알려져 있다. 즉, 분산이 σ^2인 정규모집단으로부터 표본의 크기가 n인 표본을 추출할 경우 그 표본의 분산을 s^2이라 하면, 다음과 같은 확률변수 χ^2을 χ^2통계량이라 하고, 이것이 이루는 확률분포를 자유도 $n-1$인 χ^2분포라고 부른다.

$$\chi^2 = \frac{(n-1)s^2}{\sigma^2} = \frac{S}{\sigma^2}$$

여기에서

$$S = \sum_{i=1}^{n}(x_i - \bar{x})^2 \quad : \text{편차제곱의 합}$$

$$s^2 = \frac{\sum_{i=1}^{n}(x_i - \bar{x})^2}{n-1} \quad : \text{표본의 표준편차}$$

이러한 χ^2분포는 자유도($\phi = n-1$)에 따라 곡선의 형태가 달라지며 자유도가 증가할수록 정규분포에 가까워진다.

모분산에 관한 가설검정

모분산은 모집단의 분포상태를 나타내 주는 중요한 모수이다. 그럼에도 불구하고 모분산을 미리 알고 있는 경우는 흔하지 않다. 따라서 가설검정의 원리를 적용하여 모분산에 관한 정보를 얻을 필요가 있다. 모분산에 관한 가설검정은 전술한 분산의 표본분포, 즉 χ^2분포를 기초로 한다. 귀무가설에서의 모분산이 σ_0^2인 경우 검정통계량은 다음과 같다.

$$\chi^2 = \frac{(n-1)s^2}{\sigma_0^2} = \frac{S}{\sigma_0^2}$$

가설검정의 순서는 다음과 같다.

《순서 1》 가설의 설정

$$H_0 \ : \ \sigma^2 = \sigma_0^2$$

$$H_1 \ : \ \sigma^2 \neq \sigma_0^2$$

(σ_0^2는 검정하고자 하는 어떤 값, 이 예제에서는 $\sigma_0^2 = 256$)

대립가설은 귀무가설을 부정하는 것으로 다음과 같은 세 가지의 경우를 생각할 수 있다.

$$(1) \quad H_1 \quad : \sigma^2 \neq \sigma_0^{\ 2}$$

$$(2) \quad H_1 \quad : \sigma^2 > \sigma_0^{\ 2}$$

$$(3) \quad H_1 \quad : \sigma^2 < \sigma_0^{\ 2}$$

(1)과 같은 가설을 양측가설(兩側假說)이라 부르고, (2)와 (3)처럼 대소관계를 문제로 하고 있는 가설을 단측가설(單側假說)이라 부르고 있다.

본 예제에서는 금년의 IQ의 분산이 작년과 동일한지 어떤지에 관심이 있으므로 (1)의 가설이 된다.

《순서 2》 유의수준의 설정

유의수준 $\alpha = 0.05$

(경우에 따라서는 유의수준을 0.01 또는 0.1이라고 설정할 수도 있다)

《순서 3》 검정통계량 χ^2값의 산출

$$\chi^2 = \frac{(n-1)s^2}{\sigma_0^{\ 2}} = \frac{S}{\sigma_0^{\ 2}}$$

《순서 4》 p값의 산출

유의수준과 비교할 확률 p를 계산한다. p값은 χ^2분포에 있어서 χ^2 이상의 값이 발생할 확률이다.

《순서 5》 판정

p값 $\leq$ 유의수준 $\alpha \rightarrow$ 귀무가설 H_0를 기각한다

p값 $>$ 유의수준 $\alpha \rightarrow$ 귀무가설 H_0를 채택한다

검정통계량 χ^2 값과 유의확률 p값의 산출

《순서 1》데이터의 입력

셀 B2:B26 영역에 데이터를 입력한다.

《순서 2》기본 정보의 입력

셀 F2:F5 영역에 주어진 기본 정보를 입력한다.

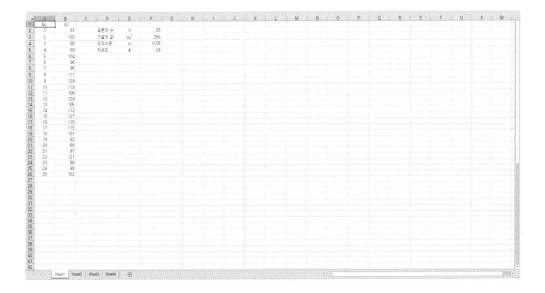

《순서 3》 수식 및 통계함수에 의한 산출

	A	B	C	D	E	F
	No.	IQ				
1	1	91		표본의 수	n	25
2	2	102		가설의 값	σ_0^2	256
3	3	95		유의수준	α	0.05
4	4	88		자유도	φ	24
5	5	104				
6	6	96		분산	V	225.1767
7	7	96		검정통계량	χ^2	21.1103
8	8	111		기각치(양측)	$\chi^2(\alpha/2, \phi)$	39.3641
9	9	129		기각치(양측)	$\chi^2(1-\alpha/2, \phi)$	12.4012
10	10	118		양측확률	p값	0.7356
11	11	106				
12	12	124				
13	13	105				
14	14	112				
15	15	127				
16	16	116				
17	17	115				
18	18	101				
19	19	82				
20	20	66				
21	21	97				
22	22	121				
23	23	86				
24	24	98				
25	25	102				

[셀의 입력내용]

F7; = VAR(B2:B26)

F8; = F7*F5/F3

F9; = CHISQ.INV.RT(F4/2, F5)

F10; = CHISQ.INV(F4/2, F5)

F11; = IF(F3<F7, 2*CHISQ.DIST.RT(F8, F5), 2*CHISQ.DIST(F8, F5))

🔄 결과에 대한 판정

(1) 유의수준과 비교할 확률 p값을 보면

$$p값 = 0.7356 > 유의수준\ α = 0.05$$

이므로 귀무가설 H_0는 채택된다. 즉, 금년의 IQ 분산이 작년과 다르다고 할 수 없다.

(2) 검정통계량 χ^2값은

$$\chi^2(1 - \alpha/2, \ \phi) \leqq \chi^2 \leqq \chi^2(\alpha/2, \ \phi)$$
$$12.4011 \leqq 21.1103 \leqq 39.3641$$

이므로 역시 귀무가설 H_0는 채택된다.

🎵 통계함수 CHISQ.DIST.RT

통계함수 CHISQ.DIST.RT(x, deg_freedom)는 χ^2분포의 단측 검정 확률을 구해 준다. 즉, χ^2분포에 있어서 어떤 값 이상의 확률(우측확률)을 구하기 위한 함수이다.

예ㅣ

CHISQ.DIST.RT(13.8484, 24) = 0.95

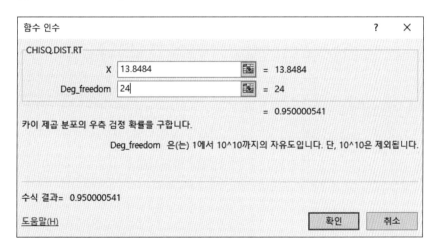

🎵 통계함수 CHISQ.INV.RT

통계함수 CHISQ.INV.RT(probability, deg_freedom)는 χ^2분포의 역 단측 검정 확률을 구해 준다. 즉, χ^2분포에 있어서 어떤 값 이상의 확률이 지정된 확률이 되도록 하는 어떤 값을 구하기 위한 함수이다.

예ㅣ

CHISQ.INV.RT(0.95, 24) = 13.8484

2. 모분산에 관한 추정

| 예제 | 11-2

[예제 11-1]의 데이터를 이용해서 모분산 σ^2의 95% 신뢰구간을 구하라.

🔄 모분산에 대한 신뢰구간

분산이 σ^2인 정규모집단으로부터 표본의 크기가 n인 표본을 추출할 경우 그 표본의 분산을 s^2이라 하면, 다음과 같은 확률변수 χ^2가 이루는 확률분포를 자유도 $n-1$인 χ^2분포라고 부른다.

$$\chi^2 = \frac{(n-1)s^2}{\sigma^2}$$

$$\text{여기에서 } s^2 = \sum_{i=1}^{n}(x_i - \overline{x})^2/(n-1)$$

χ^2분포의 백분위수 정의에 따라 다음과 같이 쓸 수 있다.

$$P\left[\chi^2(1-\alpha/2,\ \phi) \leq \frac{(n-1)s^2}{\sigma^2} \leq \chi^2(\alpha/2,\ \phi)\right] = 1-\alpha$$

이 식을 다시 정리하면 다음과 같이 쓸 수 있다.

$$P\left[\frac{(n-1)s^2}{\chi^2(\alpha/2,\ \phi)} \leqq \sigma^2 \leqq \frac{(n-1)s^2}{\chi^2(1-\alpha/2,\ \phi)}\right] = 1 - \alpha$$

따라서 σ^2에 대한 신뢰도 $1-\alpha$의 신뢰구간은 다음과 같다.

$$\frac{(n-1)s^2}{\chi^2(\alpha/2,\ \phi)} \leqq \sigma^2 \leqq \frac{(n-1)s^2}{\chi^2(1-\alpha/2,\ \phi)}$$

신뢰한계의 산출

앞의 가설검정의 결과에 추가한다.

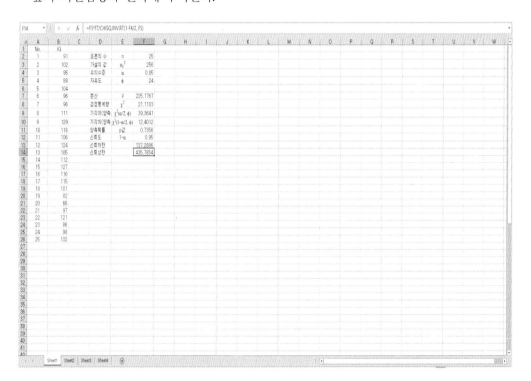

[셀의 입력내용]

F12; = 1 - F4

F13; = F5*F7/CHISQ.INV.RT(F4/2, F5)

F14; = F5*F7/CHISQ.INV.RT(1 - F4/2, F5)

결과의 해석방법

모분산 σ^2의 95% 신뢰구간은 다음과 같다.

$$137.2887 \leq \sigma^2 \leq 435.7855$$

2. 모분산의 비에 관한 검정과 추정

1. 모분산의 비에 관한 검정

|예제| 11-3

다음의 데이터는 어떤 두 가지 생산방식(X와 Y)에 의한 제품의 무게(단위 : g)에 대한 분산을 비교하기 위해서 수집한 것이다. 두 가지 생산방식으로 만들어진 제품 무게의 분산은 같다고 할 수 있는지 5% 유의수준으로 검정하라.

No.	X	Y
1	130	111
2	125	104
3	126	134
4	109	102
5	123	131
6	118	133
7	117	122
8	118	110
9	137	109
10	124	141
11	127	143
12	115	135
13	120	120
14	130	112
15	130	114

F검정

확률변수 X와 Y가 각각 독립적으로 분포하고 게다가 정규분포에 따른다고 가정한다. 각 정규분포의 산포의 정도를 나타내는 파라미터를 각각 $\sigma_1{}^2$, $\sigma_2{}^2$이라고 놓는다. 즉, X와 Y의 각 분산은 $\sigma_1{}^2$, $\sigma_2{}^2$이다. 귀무가설 $\sigma_1{}^2 = \sigma_2{}^2$과 대립가설 $\sigma_1{}^2 \neq \sigma_2{}^2$을 생각하여 그 가설검정을 실시하려면, X에 대한 측정결과 $\{x_1, x_2, \cdots, x_m\}$과 Y에 대한 측정결과 $\{y_1, y_2, \cdots, y_n\}$을 이용해서 다음의 계산을 실시한다.

$$F = \frac{\displaystyle\sum_{i=1}^{m}(x_i - \overline{x})^2/(m-1)}{\displaystyle\sum_{j=1}^{n}(y_j - \overline{y})^2/(n-1)} = \frac{s_1{}^2}{s_2{}^2}$$

$$단, \ \overline{x} = (x_1 + x_2 + ... + x_m)/m$$
$$\overline{y} = (y_1 + y_2 + ... + y_n)/n$$

유의수준 α의 검정을 실시하려면 자유도 $(m-1)$, $(n-1)$의 F분포의 양 끝에 $\alpha/2$씩의 크기의 기각역을 설정하여 위의 F값이 기각역에 포함되면 귀무가설 $\sigma_1{}^2 = \sigma_2{}^2$을 기각한다. 통상의 F분포표에서는 좌측 기각역은 읽기 어려우므로 위의 F값 계산을 할 때 X와 Y의 역할을 바꾸어 넣고 분자가 크게($F > 1$) 되도록 하여 우측 기각역에 들어가는지 어떤지를 조사한다.

앞장에서는 두 모평균의 차를 검정할 때 등분산을 가정하는 경우와 가정하지 않는 경우로 나누어서 실시했었다. 본래 등분산을 가정하는 것이 타당한지 어떤지는 통계의 문제와는 별도로 그 데이터의 배후에 있는 기술적·학술적 지식으로부터 검토해야 할 것이다. 그러나 확인을 위해서 두 개의 모분산은 같다고 할 수 있는지 어떤지를 통계적으로 검토해 보는 것도 필요하다. 이와 같은 때도 두 모분산의 차이에 관한 검정이 이용된다.

두 모분산의 차이는 차(差)가 아니라 비(比)로 보게 되어 검정은 F검정을 이용해서 실시된다.

F분포

모분산이 $\sigma_1{}^2$, $\sigma_2{}^2$인 정규분포에 따르는 두 모집단으로부터 추출된 데이터의 분산을 각각 V_1, V_2라고 할 때,

$$F = \frac{V_1}{V_2}$$

가 되는 F는 제1자유도 ϕ_1, 제2자유도 ϕ_2의 F분포라고 불리는 분포에 따른다. 분산끼리의 비를 취했을 때에 분자에 오는 분산의 자유도가 제1자유도이며, 분모에 오는 분산의 자유도가 제2자유도이다.

🌀 가설검정의 순서

《순서 1》 가설의 설정

$$H_0 : \sigma_1{}^2 = \sigma_2{}^2$$

$$H_1 : \sigma_1{}^2 \neq \sigma_2{}^2$$

대립가설은 귀무가설을 부정하는 것으로 다음과 같은 세 가지의 경우를 생각할 수 있다.

$$(1) \quad H_1 : \sigma_1{}^2 \neq \sigma_2{}^2$$

$$(2) \quad H_1 : \sigma_1{}^2 > \sigma_2{}^2$$

$$(3) \quad H_1 : \sigma_1{}^2 < \sigma_2{}^2$$

(1)과 같은 가설을 양측가설(兩側假說)이라 부르고, (2)와 (3)처럼 대소관계를 문제로 하고 있는 가설을 단측가설(單側假說)이라 부르고 있다.

본 예제에서는 두 가지 생산방식에 의한 제품의 무게에 대한 분산이 같은지 어떤지에 관심이 있으므로 (1)의 가설이 된다.

《순서 2》 유의수준의 설정

유의수준 α = 0.05

(경우에 따라서는 유의수준을 0.01 또는 0.1이라고 설정할 수도 있다)

《순서 3》 검정통계량 F값 산출

$$F = \frac{V_1}{V_2}$$

여기에서 $\quad V_1 = s_1{}^2 = \displaystyle\sum_{i=1}^{n_1} (x_i - \overline{x})^2 / (n_1 - 1)$

$$V_2 = s_2{}^2 = \sum_{j=1}^{n_2} (y_i - \overline{y})^2 / (n_2 - 1)$$

《순서 4》 p값의 산출

유의수준과 비교할 확률 p를 계산한다. p값은 F분포에 있어서 F 이상의 값이 발생할 확률이다.

《순서 5》 판정

$$p값 \leq 유의수준\ \alpha \rightarrow 귀무가설\ H_0를\ 기각한다$$
$$p값 > 유의수준\ \alpha \rightarrow 귀무가설\ H_0를\ 채택한다$$

검정통계량 F값과 유의확률 p값의 산출

《순서 1》 데이터의 입력

셀 B2:C16 영역에 데이터를 입력한다.

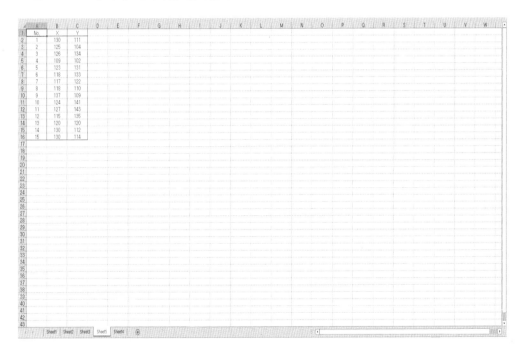

《순서 2》 분석 도구의 호출

메뉴에서 [데이터]-[데이터 분석]을 선택한다.
[통계 데이터 분석] 대화상자가 나타난다.

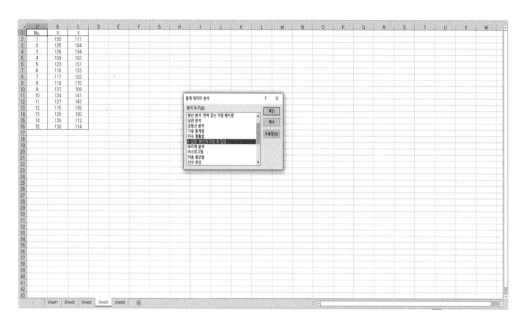

[*F*-검정 : 분산에 대한 두 집단]을 선택하고 [확인] 버튼을 클릭한다.

《순서 3》 검정을 위한 데이터의 입력 및 범위지정

[*F*-검정 : 분산에 대한 두 집단] 대화상자가 나타나면 다음과 같이 입력하고 [확인] 버튼을 클릭한다.

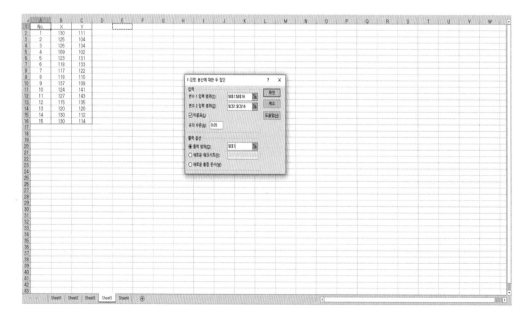

《순서 4》 분석결과의 출력

No.	X	Y		F-검정: 분산에 대한 두 집단			
1	130	111				X	Y
2	125	104		평균		123.2667	121.4
3	126	134		분산		51.92381	188.4
4	109	102		관측수		15	15
5	123	131		자유도		14	14
6	118	133		F 비		0.275604	
7	117	122		P(F<=f) 단측 검정		0.010874	
8	118	110		F 기각치: 단측 검정		0.402621	
9	137	109					
10	124	141					
11	127	143					
12	115	135					
13	120	120					
14	130	112					
15	130	114					

결과에 대한 판정

(1) 유의수준과 비교할 확률 p값(단측 검정)을 보면,

$$p값 = 0.0109 < 유의수준\ \alpha = 0.05$$

이므로 귀무가설 H_0는 기각된다. 즉, 두 생산방식에 의한 제품의 무게에 대한 분산은 다르다고 판단한다.

(2) 기각치에 의한 판정을 위해서는 검정통계량 F값을 구할 때 분산이 큰 쪽을 V_1, 작은 쪽을 V_2로 한다는 점에 주의해야 한다.

$$F = \frac{V_1}{V_2}$$

본 예제에서는,

$$F = \frac{V_1}{V_2} = \frac{188.4000}{51.9238} = 3.6284$$

에 의해서 검정을 실시해야 한다. 그러므로 본 예제에서는 X와 Y의 데이터 입력의 위치를 바꾸어야 한다.

[F-검정 : 분산에 대한 두 집단] 대화상자에서의 입력방식과 출력결과를 보이면 다음과 같다.

$$F\text{비} = 3.6284 > F\text{기각치} = 2.4837$$

이므로 귀무가설 H_0는 기각된다.

p값의 결과에는 변함이 없다.

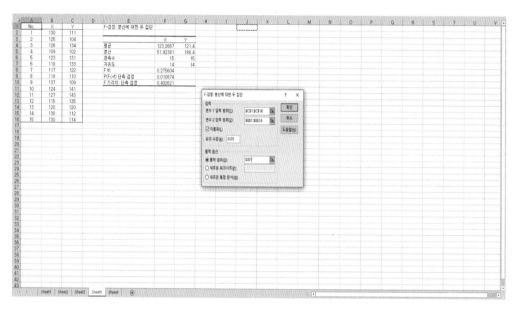

두 생산방식에 의한 제품의 무게를 각각 꺾은선형 그래프를 작성하여 비교해 보자.

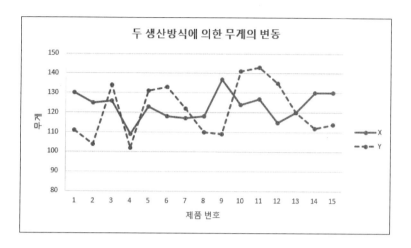

$X(51.9238)$의 분산에 비해 $Y(188.4000)$의 분산이 현저하게 큰 것을 알 수 있다.

2. 모분산의 비에 관한 추정

|예제| 11-4

[예제 11-3]의 데이터를 이용해서 두 모분산의 비에 대한 95% 신뢰구간을 구하라.

구간추정의 방법

F분포의 성질을 이용해서 모분산의 비에 대한 구간추정을 할 수 있다. 다음의 식에 의해 모분산의 비에 대한 $1-\alpha$의 신뢰도를 갖는 신뢰구간을 구할 수 있다.

$$\frac{F}{F(\phi_Y,\,\phi_X\,;\alpha/2)} \leq \frac{\sigma_Y^2}{\sigma_X^2} \leq F \times F(\phi_X,\,\phi_Y\,;\alpha/2)$$

여기에서 $\quad F = \dfrac{V_Y}{V_X}$

🌙 신뢰한계의 산출

앞의 가설검정의 결과에 추가한다.

No.	X	Y
1	130	111
2	125	104
3	126	134
4	109	102
5	123	131
6	118	133
7	117	122
8	118	110
9	137	109
10	124	141
11	127	143
12	115	135
13	120	120
14	130	112
15	130	114

F-검정: 분산에 대한 두 집단

	X	Y
평균	123.2667	121.4000
분산	51.9238	188.4000
관측수	15	15
자유도	14	14
F 비	0.275604	
P(F<=f) 단측	0.0109	
F 기각치: 단측	0.4026	

F-검정: 분산에 대한 두 집단

	Y	X
평균	121.4000	123.2667
분산	188.4000	51.9238
관측수	15	15
자유도	14	14
F 비	3.6284	
P(F<=f) 단측	0.0109	
F 기각치: 단측	2.4837	

유의수준	α	0.05
신뢰도	1-α	0.95
신뢰하한		1.2182
신뢰상한		10.8075

[셀의 입력내용]

L12; 0.05

L13; = 1 - L12

L14; = K8/F.INV.RT(L12/2, K7, L7)

L15; = K8*F.INV.RT(L12/2, L7, K7)

🌙 결과의 해석방법

두 모분산의 비에 대한 95% 신뢰구간은 다음과 같다.

$$1.2182 \leq \frac{\sigma_Y{}^2}{\sigma_X{}^2} \leq 10.8075$$

Excel을 활용한
통계분석

Chapter 12

분산분석

분산분석

1. 일원 분산분석

| 예제 | 12-1

다이어트 식품으로 알려진 A, B, C, D 네 가지 식품의 콜레스테롤 함유량을 비교하려고 한다. 각 식품별로 세 개의 제품을 추출하여 콜레스테롤 함유량을 측정한 결과가 다음과 같았다.

(단위 : mg)

A	3.6	4.1	4.0
B	3.1	3.2	3.9
C	3.2	3.5	3.5
D	3.5	3.8	3.8

네 가지 다이어트 식품의 콜레스테롤 함유량이 같다고 할 수 있는지를 5% 유의수준으로 검정하라.

🔁 사고방식과 적용수법

우리의 일상생활 주변에서는 세 개 이상의 모집단의 평균을 동시에 비교해야 하는 경우가 흔히 발생하며, 이를 위해 사용되는 통계적 기법을 분산분석(analysis of variance ; ANOVA)이라고 한다.

예를 들면 사무직 근로자와 생산직 근로자 그리고 서비스직 근로자 간의 평균임금을 비교하는 경우를 들 수 있다. 여기에서 근로자의 유형이 독립변수가 되고 임금이 종속변수가 되어 결국 분산분석이란 독립변수와 종속변수의 관계를 분석하는 기법인 것이다. 또한 독립변수를 인자(factor)라고도 하며 앞의 예에서는 인자의 세 가지 상태, 즉 사무직, 생산직, 서비스직의 인자수준(factor level)이 있다고 할 수 있다.

분산분석에는 단 하나의 인자를 분석대상으로 하는 일원 분산분석(one-way ANOVA)과 두 개의 인자를 분석대상으로 하는 이원 분산분석(two-way ANOVA)이 있다. 두 개 이상의 인자를 분석대상으로 하는 경우를 통틀어 다원 분산분석(multi-way ANOVA)이라고 하기도 한다.

이원 분산분석의 예로서 제품의 진열방법과 제품의 포장방법이 매출액에 어떤 영향을 미치는가를 분석하는 경우를 들 수 있다. 이때의 독립변수는 제품의 진열방법과 포장방법이 되며 두 개의 독립변수가 함께 매출에 미치는 영향을 분석한다.

분산분석표

분산분석이란 '측정치 전체의 분산을 몇 개의 요인효과에 대응하는 분산과, 그 나머지의 오차분산으로 나누어서 검정이나 추정을 실시하는 것'이라고 정의할 수 있다.

측정치는 문제삼은 인자를 어떤 수준으로 선택해서 행해진 실험의 결과이다. 개개의 실험조건을 처리라고 부르고, 그 차이가 측정치에 어떻게 영향을 미치는가를 조사하는 것이 목적이다. 분산분석은 변동요인을 하나의 인자에 의한 효과(주효과)와 복수 인자의 복합효과(교호작용)의 두 종류의 요인효과로 나누어서, 그것들을 선형 모델의 모수(母數) 또는 변량이라 생각하고 그 추측을 행하는 것이다. 여기에서 요인효과는 주효과와 교호작용을 총칭해서 일컫고 있다.

측정치에 대한 변동의 크기는 편차제곱의 합(sum of squares)으로 헤아려진다. 전체의 변동을 나타내는 총 편차제곱의 합은 각각의 요인효과에 대한 편차제곱의 합(처리요인에 의한 변동)과, 문제삼은 요인으로는 설명할 수 없는 산포도의 크기를 나타내는 오차에 대한 편차제곱의 합(잔차요인에 의한 변동)으로 분해된다. 편차제곱의 합은 그 요인효과의 상대적인 크기를 나타내는 기여율을 계산하는 데도 이용된다. 편차제곱의 합을 그 자유도로 나눈 것은 제곱평균 또는 불편분산이라고 부른다.

어떤 요인효과에 대한 검정은 그 불편분산을 오차분산 등으로 나눈 분산비(F비)에 의해서 실시된다. 분산분석의 주요한 계산결과는 분산분석표(ANOVA table)로 정리된다.

| 표 12-1 | 분산분석표(일원 분산분석)

변동의 요인	편차제곱의 합 (S)	자유도 (ϕ)	분 산 (V)	분산비 (F)	분산의 기대치 $[E(V)]$
처 리 잔 차	S_A S_e	$a-1$ $a(n-1)$	V_A V_e	V_A/V_e	$\sigma_e^2 + n\sigma_A^2$ σ_e^2
계	S_T	$an-1$			

🔄 검정의 순서

《순서 1》 가설의 설정

　　　귀무가설　$H_0 : \mu_A = \mu_B = \mu_C = \mu_D$

　　　　　　(네 가지 식품의 콜레스테롤 평균함유량이 모두 같다)

　　　대립가설　$H_1 : \mu_A, \mu_B, \mu_C, \mu_D$ 중 적어도 하나는 다르다.

《순서 2》 유의수준의 설정

$$\text{유의수준 } \alpha = 0.05$$

《순서 3》 검정통계량 F값의 계산

$$F = \frac{V_A}{V_e}$$

$$\text{여기에서 } V_A = \frac{S_A}{a-1}$$

$$V_e = \frac{S_e}{a(n-1)}$$

《순서 4》 p값의 산출

유의수준과 비교할 확률 p를 계산한다. p값은 F분포에 있어서 F 이상의 값이 발생할 확률이다.

《순서 5》판정

<p값에 의한 판정>

p값 ≤ 유의수준 α → 귀무가설 H_0를 기각한다

p값 > 유의수준 α → 귀무가설 H_0를 기각하지 않는다

<기각치에 의한 판정>

F비 ≥ $F(\phi A, \phi e ; \alpha)$ → 귀무가설 H_0를 기각한다

F비 < $F(\phi A, \phi e ; \alpha)$ → 귀무가설 H_0를 기각하지 않는다

분산분석의 실시

《순서 1》데이터의 입력

셀 B1에서 D4까지 데이터를 입력한다.

	A	B	C	D	E	F	G	H	I	J
1	A	3.6	4.1	4						
2	B	3.1	3.2	3.9						
3	C	3.2	3.5	3.5						
4	D	3.5	3.8	3.8						
5										
6										
7										
8										
9										
10										

《순서 2》분산분석표의 작성

(1) 메뉴의 [데이터]-[데이터 분석]을 선택한다.

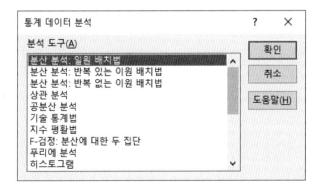

(2) [통계 데이터 분석] 대화상자가 나타난다. [분석 도구(A)] 중 [분산분석 : 일원 배치법]을 선택하고 [확인] 버튼을 클릭한다.

(3) [분산분석 : 일원 배치법] 대화상자가 나타난다.
다음 사항을 지정한다.

입력범위(I)	: A1:D4
데이터 방향	: 행(R) 체크
첫째 열 이름표 사용(L)	: 체크
유의수준(A)	: 0.05
출력범위(O)	: A7

(4) [확인] 버튼을 클릭한다.

	A	B	C	D	E	F	G
1	A	3.6	4.1	4			
2	B	3.1	3.2	3.9			
3	C	3.2	3.5	3.5			
4	D	3.5	3.8	3.8			
5							
6							
7	분산 분석: 일원 배치법						
8							
9	요약표						
10	인자의 수준	관측수	합	평균	분산		
11	A	3	11.7	3.9	0.07		
12	B	3	10.2	3.4	0.19		
13	C	3	10.2	3.4	0.03		
14	D	3	11.1	3.7	0.03		
15							
16							
17	분산 분석						
18	변동의 요인	제곱합	자유도	제곱 평균	F 비	P-값	F 기각치
19	처리	0.54	3	0.18	2.25	0.159767	4.066181
20	잔차	0.64	8	0.08			
21							
22	계	1.18	11				
23							
24							
25							
26							

요약표 및 분산분석표가 출력된다.

결과의 해석방법

(1) p값 = 0.1598 > 유의수준 α = 0.05

이므로 귀무가설 H_0를 기각할 수 없다. 즉, 다이어트 식품별 콜레스테롤 함유량이 다르다고 할 수 없다.

(2) F비 = 2.25 < $F(3,\ 8\ ;\ 0.05)$ = 4.07

이므로 귀무가설 H_0를 기각할 수 없다.

| 예제 | 12-2

경상계열의 4개 전공 학생들을 대상으로 TOEFL 시험을 실시했다. 그 중에서 전공별로 4 ~ 6명을 표본추출하여 TOEFL 성적을 조사한 결과가 다음과 같다.

경영학 전공	경제학 전공	무역학 전공	회계학 전공
528	514	649	372
586	457	506	440
680	521	556	495
718	370	413	321
	532	470	424
			332

전공별 평균성적에 차이가 있는지를 유의수준 0.05로 검정하라.

분산분석의 실시

《순서 1》 데이터의 입력

셀 A2에서 D7까지 데이터를 입력한다.

	A	B	C	D	E	F	G	H	I	J
1	경영학전공	경제학전공	무역학전공	회계학전공						
2	528	514	649	372						
3	586	457	506	440						
4	680	521	556	495						
5	718	370	413	321						
6		532	470	424						
7				332						
8										
9										
10										
11										
12										
13										
14										

《순서 2》 분산분석표의 작성

(1) 메뉴의 [데이터)] - [데이터 분석]을 선택한다.

[통계 데이터 분석] 대화상자가 나타나면, [분석 도구(A)] 중 [분산분석 : 일원 배치법]을
선택하고 [확인] 버튼을 클릭한다.

(2) [분산분석 : 일원 배치법] 대화상자가 나타난다.

다음 사항을 지정한다.

입력범위(I)	: A1:D7
데이터 방향	: 열(C) 체크
첫째 행 이름표 사용(L)	: 체크
유의수준(A)	: 0.05
출력범위(O)	: A10

(3) [확인] 버튼을 클릭한다.

요약표 및 분산분석표가 출력된다.

《순서 3》 판정

(1) p값에 의한 판정

$$p값 = 0.0026 < 유의수준\ \alpha = 0.01$$

이므로 귀무가설 H_0를 기각한다. 즉, 전공별 평균성적이 적어도 하나는 다르다.

(2) 기각치에 의한 판정

$$F비 = 7.3697 > F(\phi_A,\ \phi e\ ;\ 0.01) = 3.2389$$

이므로 귀무가설 H_0를 기각한다.

2. 이원 분산분석

1. 반복 없는 이원 분산분석

| 예제 | 12-3

[예제 12-1]에서 각 다이어트 식품별로 측정된 세 개의 관측치가 세 곳의 상이한 실험실에서 측정된 결과라고 하자.

(단위 : mg)

식품 \ 실험실	1	2	3
A	3.6	4.1	4.0
B	3.1	3.2	3.9
C	3.2	3.5	3.5
D	3.5	3.8	3.8

다이어트 식품과 실험실에 따라서 콜레스테롤 함유량에 차이가 있는가를 5% 유의수준으로 검정하라.

사고방식과 적용수법

본 예제에서 만일 세 곳의 실험실로 하여금 네 가지 식품에 대하여 모두 콜레스테롤 함유량을 측정하게 한다면, 실험실들의 측정기술 수준의 차이에 기인한 함유량이 각 식품에 모두 반영된다. 따라서 각 식품의 평균 콜레스테롤 함유량의 차이여부를 보다 효율적으로 판단할 수 있게된다. 이와 같이 표본을 각 처리방법에 임의로 할당하기 전에 각 집단이나 블록 내에서 상대적으로 적은 변동을 갖도록 어떤 특성을 사용하여 표본을 배치하는 방법을 난괴법(randomized block design)이라 하며, 이를 분석하는 수법을 반복 없는 이원 분산분석이라고 한다.

분산분석표

본 예제에서는 다음 두 가지의 질문이 있을 수 있다.

첫째, 식품에 따라 콜레스테롤 함유량의 차이가 발생하는가?

둘째, 실험실에 따라 콜레스테롤 함유량의 차이가 발생하는가?

위의 두 가지 내용을 이원 분산분석에서의 주효과(main effect)에 대한 검정이라고도 한다. 여기에 관련된 검정을 보다 간편하게 하기 위해서는 이원 분산분석표(two-way ANOVA table)가 필요하다.

| 표 12-2 | 이원 분산분석표(반복 없는 이원 분산분석)

변동의 요인	편차제곱의 합	자유도	분산	F 비	분산의 기대치
인자 A (행) 인자 B(열) 잔 차	S_A S_B S_e	$a-1$ $b-1$ $(a-1)(b-1)$	V_A V_B V_e	$V_A \ / \ V_e$ $V_B \ / \ V_e$	$\sigma_e^2 + b\sigma_A^2$ $\sigma_e^2 + a\sigma_B^2$ σ_e^2
계	S_T	$ab-1$			

검정의 순서

반복 없는 이원 분산분석에서는 두 가지의 인자를 다루고 있으므로 두 가지 인자에 대한 가설검정을 별도로 해야 한다. 검정방법 및 순서는 일원 분산분석의 경우와 같다.

분산분석의 실시

《순서 1》 데이터의 입력

셀 B2에서 D5까지 데이터를 입력한다.

▲	A	B	C	D	E	F	G	H	I	J
1		1	2	3						
2	A	3.6	4.1	4						
3	B	3.1	3.2	3.9						
4	C	3.2	3.5	3.5						
5	D	3.5	3.8	3.8						
6										
7										
8										
9										
10										

《순서 2》 분산분석표의 작성

(1) 메뉴의 [데이터] - [데이터 분석]을 선택한다.

[통계 데이터 분석] 대화상자가 나타나면, [분석 도구(A)] 중 [분산분석 : 반복 없는 이원 배치법]을 선택하고 [확인] 버튼을 클릭한다.

(2) [분산분석 : 반복 없는 이원 배치법] 대화상자가 나타난다.

다음 사항을 지정한다.

입력범위(I) : A1:D5

이름표(L) : 체크

유의수준(A) : 0.05

출력범위(O) : A8

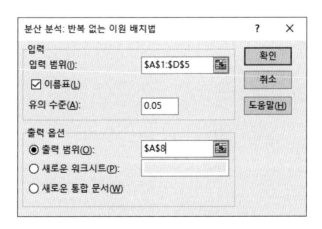

(3) [확인] 버튼을 클릭한다.

요약표 및 분산분석표가 출력된다.

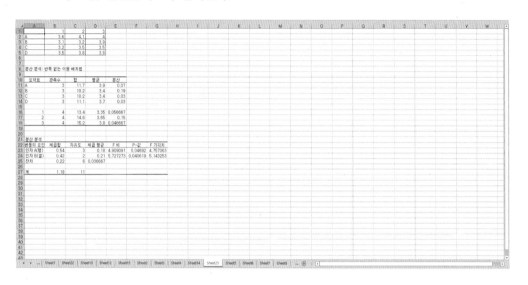

🌙 **결과의 해석방법**

(1) 다이어트 식품별 콜레스테롤 평균함유량에 대한 검정

<p값에 의한 판정>

$$p값 \ = \ 0.0469 \ < \ 유의수준 \ \alpha = 0.05$$

이므로 귀무가설 H_0를 기각한다. 즉, 다이어트 식품별로 콜레스테롤 평균함유량이 모두 같다고 할 수 없다.

<기각치에 의한 판정>

$$F비 \ = \ 4.909 \ > \ F(3, \ 6 \ ; \ 0.05) \ = \ 4.757$$

이므로 귀무가설 H_0를 기각한다.

(2) 실험실별 콜레스테롤 평균함유량에 대한 검정

<p값에 의한 판정>

$$p값 \ = \ 0.0406 \ < \ 유의수준 \ \alpha = 0.05$$

이므로 귀무가설 H_0를 기각한다. 즉, 실험실별로 콜레스테롤 평균함유량이 모두 같다고 할 수 없다.

<기각치에 의한 판정>

$$F비 = 5.727 > F(2, 6 ; 0.05) = 5.143$$

이므로 귀무가설 H_0를 기각한다.

| 예제 | 12-4

4개 회사에서 생산되는 소형차를 6명의 운전자에게 운전하게 하여 휘발유 리터당 주행거리를 측정한 결과가 다음과 같다.

| 표 12-3 | **차종별·운전자별 리터당 주행거리**

(단위 : km/l)

차종 \ 운전자	1	2	3	4	5	6
가	15	10	13	14	17	9
나	17	12	18	13	15	12
다	17	7	9	13	8	12
라	10	12	8	7	9	11

차종에 따라 리터당 주행거리의 차이가 발생하는가? 그리고 운전자에 따라 리터당 주행거리의 차이가 발생하는가? 5% 유의수준으로 각각 검정하라.

분산분석의 실시

《순서 1》 데이터의 입력

셀 B2에서 G5까지 데이터를 입력한다.

▲	A	B	C	D	E	F	G	H	I	J
1		1	2	3	4	5	6			
2	가	15	10	13	14	17	9			
3	나	17	12	18	13	15	12			
4	다	17	7	9	13	8	12			
5	라	10	12	8	7	9	11			
6										
7										
8										

《순서 2》 분산분석표의 작성

(1) 메뉴의 [데이터] - [데이터 분석]을 선택한다.

[통계 데이터 분석] 대화상자가 나타나면, [분석 도구(A)] 중 [분산분석 : 반복 없는 이원 배치법]을 선택하고 [확인] 버튼을 클릭한다.

(2) [분산분석 : 반복 없는 이원 배치법] 대화상자가 나타난다.

다음 사항을 지정한다.

입력범위(I)   : A1:G5

이름표(L)   : 체크

유의수준(A)   : 0.05

출력범위(O)   : A8

(3) [확인] 버튼을 클릭한다.

요약표 및 분산분석표가 출력된다.

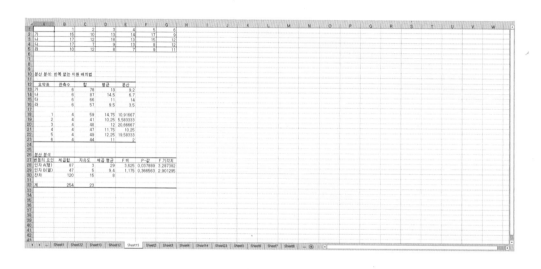

《순서 3》 판정

(1) 차종별 리터당 주행거리에 대한 검정

$$p값 = 0.038 < 유의수준 \ \alpha = 0.05$$

$$F비 = 3.625 > F(3, \ 15 \ ; \ 0.05) = 3.287$$

이므로 귀무가설 H_0를 기각한다. 즉, 차종별 리터당 주행거리가 모두 같다고 할 수 없다.

(2) 운전자별 리터당 주행거리에 대한 검정

p값 $= 0.367 >$ 유의수준 $\alpha = 0.05$

F비 $= 1.175 < F(5, 15 ; 0.05) = 2.901$

이므로 귀무가설 H_0를 기각할 수 없다. 즉, 운전자별 리터당 주행거리가 적어도 하나는 다르다고 할 수 없다.

2. 반복 있는 이원 분산분석

|예제| 12-5

점포의 크기와 지역에 따라 생활 필수품의 가격에 차이가 있는가를 알아보기 위하여 이원 분산분석을 하려고 한다. 점포의 크기를 인자 A로 하고 지역을 인자 B로 할 때 인자수준은 $a = 2$(소, 대), $b = 3$(서울, 중부, 남부)으로 한다. 따라서 전체 처리는 $2 \times 3 = 6$개가 된다. 각 처리에서 2개의 표본을 추출한 결과 다음과 같은 데이터를 얻었다고 한다.

(단위 : 1,000원)

점포크기＼지역	B_1 (서울)	B_2 (중부)	B_3 (남부)
A_1 (소)	74 78	78 74	68 72
A_2 (대)	70 74	68 72	60 64

🌙 사고방식과 적용수법

전술한 바와 같이 일원 분산분석은 모집단의 평균이 같은지에 대한 가설검정이며, 반복 없는 이원 분산분석은 블록화를 이용하여 비처리(non-treatment) 변동을 고려한 평균이 같은지에 대한 검정이다. 본 예제는 두 개의 처리효과를 검정하는 데 사용하는 반복 있는 이원 분산분석에 의해서 해결해야 한다.

이 검정은 반복을 완전 무작위화법으로 하는 경우에 해당된다.

🌙 분산분석표

반복 있는 이원 분산분석표는 다음과 같다.

| 표 12-4 | 이원 분산분석표(반복 있는 이원 분산분석)

변동의 요인	편차제곱의 합	자유도	분산	F비	분산의 기대치
인자 A (행)	S_A	$a - 1$	V_A	$V_A \ / \ V_e$	$\sigma_e^2 + br\sigma_A^2$
인자 B(열)	S_B	$b - 1$	V_B	$V_B \ / \ V_e$	$\sigma_e^2 + ar\sigma_B^2$
$A \times B$(교호작용)	$S_{A \times B}$	$(a - 1)(b - 1)$	$V_{A \times B}$	$V_{A \times B} \ / \ V_e$	$\sigma_e^2 + r\sigma_{A \times B}^2$
잔 차	S_e	$ab(r - 1)$	V_e		σ_e^2
계	ST	$abr - 1$			

검정의 순서

반복 있는 이원 분산분석에서의 가설검정은 세 가지로 나누어진다. 먼저 인자 간의 교호작용 (interaction)이 있는지의 여부를 검정해야 한다. 만약 교호작용이 존재한다면 인자 A와 인자 B의 효과를 따로 검정하는 것은 의미가 없게 되며, 처리의 수가 ab인 일원 분산분석으로 간주하여 ab개의 처리 간 평균의 동일성을 검정하거나 차이를 추정하면 된다.

만약 교호작용이 존재하지 않는다면 인자 A의 효과와 인자 B의 효과에 대하여 별도로 검정한다.

이원 분산분석의 모형은 다음과 같다.

$$Y_{ijk} = \mu_{..} + \alpha_i + \beta_j + (\alpha\beta)_{ij} + \varepsilon_{ijk}$$

여기에서

Y_{ijk} : 인자 A의 수준이 i이고 인자 B의 수준이 j인 처리에서 추출한 k번째의 관찰 값

$\mu_{..}$: 총평균

α_i : 인자 A의 효과

β_j : 인자 B의 효과

$(\alpha\beta)_{ij}$: 교호작용 효과

ε_{ijk} : 오차

교호작용이 존재하는지를 검정하기 위한 가설은 다음과 같이 설정된다.

H_0 : 모든 $(\alpha\beta)_{ij}$ = 0

H_1 : $(\alpha\beta)_{ij}$ 중 적어도 하나는 0이 아니다.

귀무가설처럼 모든 $(\alpha\beta)_{ij}$ = 0이면 두 인자 간에 교호작용이 존재하지 않음을 의미하며, 대립가설은 교호작용이 존재함을 의미한다.

판정방법은 다음과 같다.

<p값에 의한 판정>

p값 ≤ 유의수준 α → 귀무가설 H_0를 기각한다

p값 > 유의수준 α → 귀무가설 H_0를 기각하지 않는다

<기각치에 의한 판정>

F비 ≥ $F((a-1)(b-1),\ ab(r-1)\ ;a)$ → 귀무가설 H_0를 기각한다

F비 < $F((a-1)(b-1),\ ab(r-1)\ ;a)$ → 귀무가설 H_0를 기각하지 않는다

분산분석의 실시

《순서 1》 데이터의 입력

셀 B2에서 D5까지 데이터를 입력한다.

	A	B	C	D	E	F	G	H	I	J
1		서울	중부	남부						
2	소	74	78	68						
3		78	74	72						
4	대	70	68	60						
5		74	72	64						
6										
7										
8										
9										
10										
11										

《순서 2》 분산분석표의 작성

(1) 메뉴의 [데이터] - [데이터 분석]을 선택한다.

[통계 데이터 분석] 대화상자가 나타나면, [분석 도구(A)] 중 [분산분석 : 반복 있는 이원 배치법]을 더블클릭한다.

(2) [분산분석 : 반복 있는 이원 배치법] 대화상자가 나타난다.

다음 사항을 지정한다.

입력범위(I)   : A1:D5

표본당 행수(R) : 2

유의수준(A) : 0.05

출력범위(O) : A8

(3) [확인] 버튼을 클릭한다.

요약표 및 분산분석표가 출력된다.

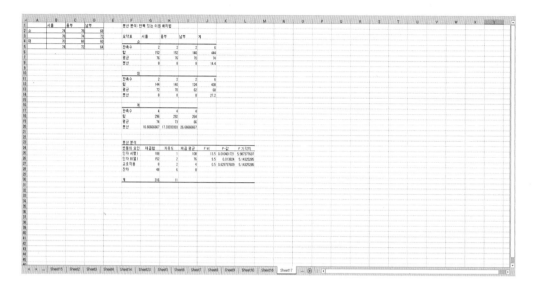

결과의 해석방법

(1) 교호작용의 검정

$$p값 = 0.6297 > 유의수준α = 0.05$$
$$F비 = 0.5 < F(2, 6 ; 0.05) = 5.143$$

이므로 귀무가설 H_0를 기각하지 않는다. 즉, 점포의 크기와 지역 간에 교호작용은 존재하지 않는다.

(2) 인자 A의 효과에 대한 검정

$$p값 = 0.0104 < 유의수준α = 0.05$$
$$F비 = 13.5 > F(1, 6 ; 0.05) = 5.987$$

이므로 귀무가설 H_0를 기각한다. 즉, 점포의 크기에 따라 가격에 차이가 있다.

(3) 인자 B의 효과에 대한 검정

$$p값 \ = \ 0.0138 < 유의수준 \ \alpha \ = \ 0.05$$
$$F비 \ = \ 9.5 > F(2, \ 6 \ ; \ 0.05) \ = \ 5.143$$

이므로 귀무가설 H_0를 기각한다. 즉, 지역적 위치가 생활 필수품의 가격에 영향을 미친다.

교호작용도 작성

교호작용도(interaction plot)는 눈으로 교호작용을 확인할 수 있는 유용한 도구다. 평균의 교호작용도를 그리는 순서는 다음과 같다.

《순서 1》데이터의 입력

셀 B4에서 D5까지 평균가격 데이터를 입력한다.

▲	A	B	C	D	E	F	G	H	I	J
1	평균가격									
2			지역수준							
3		서울	중부	남부						
4	소	76	76	70						
5	대	72	70	62						
6										
7										
8										
9										

《순서 2》그래프의 작성

(1) A3:D5를 선택하고 [삽입]을 클릭한다.
(2) 차트 영역에서 차트 종류는 꺾은선형 네 번째 그래프를 선택한다.
(3) 차트 제목, 축 제목 등을 입력한다.
(4) 그래프를 수정·완성한다.

이 교호작용도에서 두 선이 교차되고 있지 않기 때문에 점포의 크기와 지역 간의 두 인자 간에 교호작용이 없음을 알 수 있다. 만약 교호작용이 있다면 두 선은 서로 교차하게 된다.

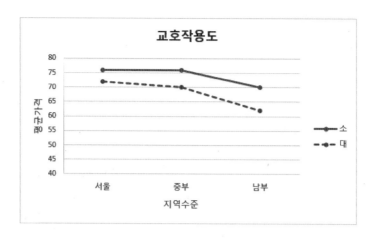

교호작용도

지역수준 (x축): 서울, 중부, 남부

범례: 소, 대

| 예제 | 12-6

피자의 맛에 영향을 주는 두 인자로 굽는 시간과 온도의 효과를 조사하고자 실험을 실시했다. 전문가가 피자의 맛에 대한 등급을 측정했으며 굽는 시간은 짧다, 중간, 길다 등으로 3개의 수준을 가진다. 굽는 온도 역시 낮다, 중간, 높다 등으로 3개의 수준을 가진다. 4명의 전문가가 각 경우마다 피자를 1에서 7까지의 등급으로 평가한 데이터가 다음과 같다.

굽는 시간 ＼ 온도	낮다	중간	높다
짧다	1 3 3 5	1 2 1 4	5 6 6 7
중간	3 4 4 5	7 7 7 7	2 3 3 4
길다	5 6 6 7	2 4 4 6	1 1 1 1

시간과 온도에 따라서 피자의 맛에 영향을 주는지 5% 유의수준으로 검정하라.

분산분석의 실시

《순서 1》 데이터의 입력

셀 B2에서 D13까지 데이터를 입력한다.

	A	B	C	D	E	F	G	H	I	J	K
1		낮다	중간	높다							
2	짧다	0	0	4							
3		0	2	5							
4		3	4	6							
5	중간	2	3	1							
6		3	6	2							
7		4	6	3							
8	길다	4	1	0							
9		5	3	1							
10		6	5	2							
11											
12											

《순서 2》 분산분석표의 작성

(1) 메뉴의 [데이터] - [데이터 분석]을 선택한다.
[통계 데이터 분석] 대화상자가 나타나면, [분석 도구(A)] 중 [분산분석 : 반복 있는 이원 배치법]을 더블클릭한다.

(2) [분산분석 : 반복 있는 이원 배치법] 대화상자가 나타나면, 다음 사항을 지정한다.
입력범위(I)   : A1:D13
표본당 행수(R) : 4
유의수준(A)   : 0.05
출력범위(O)   : A15

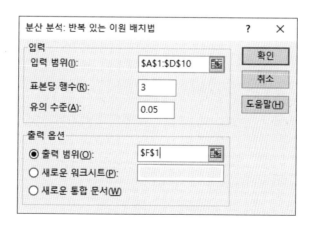

(3) [확인] 버튼을 클릭한다.

요약표 및 분산분석표가 출력된다.

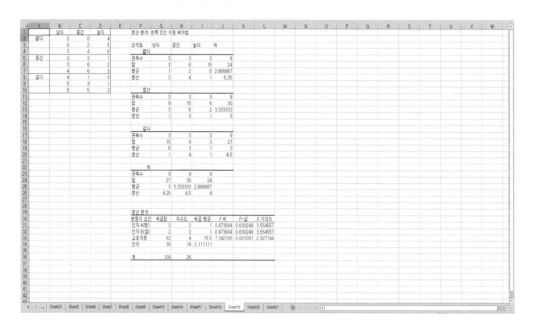

《순서 3》 판정

(1) 교호작용의 검정

$$p값 = 8.94E - 09 < 유의수준 \ \alpha = 0.05$$

$$F비 = 25.2 > F(4, \ 27 \ ; \ 0.05) = 2.728$$

이므로 귀무가설 H_0를 기각한다. 즉, 굽는 시간과 온도 간에 교호작용은 존재한다.

(2) 인자 A의 효과에 대한 검정

$$p값 = 0.041 < 유의수준 \ \alpha = 0.05$$

$$F비 = 3.6 > F(2, \ 27 \ ; \ 0.05) = 3.354$$

이므로 귀무가설 H_0를 기각한다. 즉, 굽는 시간에 따라 피자의 맛에 영향을 미친다.

(3) 인자 B의 효과에 대한 검정

$$p값 = 0.041 < 유의수준 \ \alpha = 0.05$$

$$F비 = 3.6 > F(2, \ 18 \ ; \ 0.05) = 3.354$$

이므로 귀무가설 H_0를 기각한다. 즉, 온도에 따라 피자의 맛에 영향을 미친다.

교호작용도 작성

《순서 1》 데이터의 입력

셀 B4에서 D6까지 평균등급 데이터를 입력한다.

▲	A	B	C	D	E	F	G	H	I	J
1	평균등급									
2			온도수준							
3		낮다	중간	높다						
4	짧다	1	2	5						
5	중간	3	5	2						
6	길다	5	3	1						
7										
8										
9										
10										

《순서 2》 그래프의 작성

(1) A3:D5를 선택하고 [삽입]을 클릭한다.
(2) 차트 영역에서 차트 종류는 꺾은선형 네 번째 그래프를 선택한다.
(3) 차트 제목, 축 제목 등을 입력한다.
(4) 그래프를 수정·완성한다.

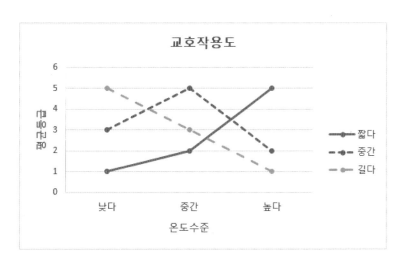

이 교호작용도에서 각 선이 서로 교차되기 때문에 굽는 시간과 온도의 두 인자 간에 교호작

용이 있음을 알 수 있다. 행과 열을 전환하면 다음과 같은 교호작용도를 얻는다.

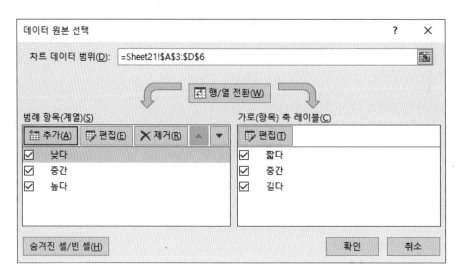

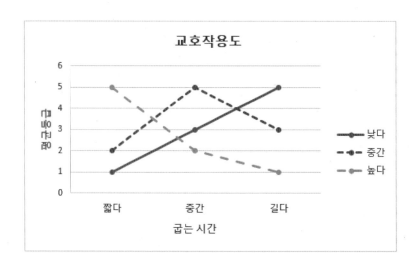

Excel을 활용한
통계분석

Chapter 13

카이제곱 검정

Chapter 13
카이제곱 검정

1. 카이제곱 검정의 기초지식

통계적 가설검정의 수법 중 카이제곱 분포(chi-square distribution)를 이용하는 검정법의 총 칭이다. 분석할 데이터가 신장, 체중, 수익률, 매출액, 시험성적 등의 측정치인 경우와 달리 어떤 속성 또는 범주(category)별로 빈도(frequency)만이 주어진 범주형 데이터의 분석은 일반적으 로 카이제곱 분포를 이용한 검정법을 적용한다.

카이제곱 검정(χ^2검정)의 목적은 크게 다음의 세 가지로 나눌 수 있다.

(1) 조사에서 얻은 데이터가 어떤 특정한 분포에서 추출되었는지를 검정한다(적합도검정).
(2) 데이터를 두 개의 속성(변수)에 따라 분류해서 표로 만들었을 때 두 속성 간에 관계가 있는지를 검정한다(독립성검정).
(3) 두 개 이상의 다항분포가 동일한지 어떤지 검정한다(동질성검정).

본 장에서는 먼저 분류된 데이터의 분석에서 기초가 되는 다항분포에 대하여 살펴본 다음에 위의 세 가지 검정에 대해서 검토하기로 한다.

🌱 다항분포

제7장에서 시행의 결과가 두 가지만 나올 수 있는 베르누이 시행을 n번 독립적으로 반복했

을 때 성공 횟수는 이항분포를 따른다고 하였다. 이때 만약 시행의 결과가 세 가지 이상일 때는 다항분포(multinomial distribution)를 따르게 된다.

모집단의 구성요소가 k개의 속성이나 범주로 나누어질 때 어떤 요소가 i번째 속성 또는 범주에 속할 확률을 $p_i(i = 1, 2, 3, \cdots, k)$로 표시하자. 그러면

$$\sum_{i=1}^{k} p_i = 1$$

이 될 것이다.

확률 p_i는 다항분포의 모수로서, 알려지지 않은 것이 일반적이며 표본조사를 통하여 추정된다. k개의 속성을 가지는 다항분포의 모집단에서 n개의 표본을 추출했을 때 i번째 속성(범주)에 속하는 관측도수를 f_i로 나타내자. 그러면

$$\sum_{i=1}^{k} f_i = n$$

이 된다.

다항분포에서 단순무작위로 n개의 표본을 추출하였을 때, 각 속성에 속하는 빈도수가 f_1, f_2, $\cdots$, f_k일 확률 $P(f_1, f_2, \cdots, f_k)$는 다음의 확률함수로부터 얻어진다.

$$P(f_1, f_2, ..., f_k) = \frac{n!}{f_1! f_2! ... f_k!} p_1^{f_1} p_2^{f_2} ... p_k^{f_k}$$

$$\text{여기에서} \quad \sum_{i=1}^{k} p_i = 1$$

$$\sum_{i=1}^{k} f_i = n$$

이항분포는 다항분포의 특수한 형태인데 $k = 2$일 때 다항분포의 확률함수는 다음과 같이 쓸 수 있다. $p_1 = p$로 하면 $p_2 = 1 - p$가 되고 $f_1 = x$로 하면 $f_2 = n - x$가 되어 확률함수는 다음과 같이 된다.

$$P(x, n - x) = \frac{n!}{x!(n-x)!} p^x (1-p)^{n-x}$$

위의 식은 바로 이항분포의 확률함수와 같다는 것을 알 수 있다.

다음에 다항분포의 모수 p_i에 대한 검정에 대하여 알아보자. 이때 가설은 다음과 같이 설정한다.

$$H_0 : p_i = p_{iI}$$
$$H_1 : 모든\ p_i = p_{iI}가\ 성립하지는\ 않는다.$$

귀무가설 H_0가 맞다고 하는 가정 하에서 각 속성의 기대도수(expected frequency) F_i는 다음과 같이 계산된다.

$$F_i = np_i$$

관측도수 f_i와 기대도수 F_i의 차이 $f_i - F_i$를 잔차(residual)라고 하는데, f_i와 F_i 값이 비슷할수록 H_0를 채택할 가능성이 커지며 반대로 f_i와 F_i 값이 차이가 클수록 H_1을 채택할 가능성이 커진다. 검정통계량 X^2은 <표 13 - 1>과 같이 계산되며 상대적인 잔차제곱(relative squared residual)의 합을 나타낸다.

$$X^2 = \sum_{i=1}^{k} \frac{(f_i - F_i)^2}{F_i}$$

f_i와 F_i 값의 차이가 클수록 X^2은 커지게 되며, 반대로 f_i와 F_i 값이 같으면 $X^2 = 0$이 될 것이다. 즉, X^2이 커지면 H_1을 채택할 가능성이 커지고 X^2이 작을수록 H_0를 채택할 가능성이 커진다. 이때 임계치의 결정은 X^2의 표본분포를 기준으로 정한다.

| 표 13-1 | χ^2 검정통계량의 계산과정

속 성	관측도수	기대도수	상대잔차제곱
1	f_1	F_1	$(f_1 - F_1)^2/F_1$
2	f_2	F_2	$(f_2 - F_2)^2/F_2$
.	.	.	.
k	f_k	F_k	$(f_k - F_k)^2/F_k$
합 계	n	n	$X^2 = \sum (f_i - F_i)^2/F_i$

표본이 충분히 크고 귀무가설 H_0가 옳다면 X^2의 표본분포는 자유도가 $k-1$인 χ^2분포에 접근한다.

$$X^2 \cong \chi^2(k-1)$$

위의 식이 성립하기 위해서는 표본이 얼마나 커야 할까? 일반적으로는 모든 속성의 기대도수 F_i가 최소한 2보다 크고 대부분의 F_i가 5보다 커야 X^2이 χ^2분포에 접근한다고 할 수 있다. 만약 F_i 값이 5보다 작은 속성이 많이 나타나면 표본을 늘리거나 F_i가 5보다 작은 속성들을 통합한 뒤 χ^2검정을 해야 한다.

따라서 판정규칙은 다음과 같다.

$$X^2 \leq \chi^2 \ (1 - \alpha \ ; \ k - 1) \quad \rightarrow \quad H_0 \text{를 채택}$$
$$X^2 > \chi^2 \ (1 - \alpha \ ; \ k - 1) \quad \rightarrow \quad H_1 \text{을 채택}$$

여기에서 α : 유의수준

χ^2검정은 데이터를 범주별로 구분하는 기준이 하나인 경우와 둘인 경우로 나누어진다.
(1) 한 개의 기준에 의해 구분된 경우는 적합도검정의 성격을 갖게 된다.
(2) 두 개의 기준에 의해 구분된 경우는 독립성검정과 동질성검정의 성격을 갖게 된다.

2. 적합도검정

적합도검정(goodness-of-fit test)이란 표본의 관측도수와 모집단의 기대도수를 비교하여 양자의 밀접여부를 결정하는 것이다. 적합도검정은 단순적합도검정과 모집단 분포형태에 관한 적합도검정으로 구분할 수 있다.

1. 단순적합도검정

단순적합도검정이란 모집단의 기대도수가 특정한 분포형태를 따르지 않는 경우의 적합도검정을 말한다.

시장에서 판매되고 있는 8종류의 소주에 대한 소비자들의 선호도를 조사하기 위하여, 상표를 가리고 128명을 상대로 시음을 시킨 다음 가장 좋아하는 소주를 선택하도록 한 결과가 다음의 표와 같다. 각각의 사람수는 해당되는 번호의 소주를 가장 좋아하는 사람의 수를 가리킨다. 이 결과에서 소주 맛에 선호도의 차이가 있다고 할 수 있는지 유의수준 5%로 검정하라.

소주 종류	1	2	3	4	5	6	7	8	합계
사람수	12	18	11	21	23	16	7	20	128

Hint

카이제곱 검정(chi-squared test)은 카이제곱 분포에 기초한 통계적 방법으로, 관찰된 빈도가 기대되는 빈도와 의미 있게 다른지의 여부를 검정하기 위해 사용되는 검정방법이다. 자료가 빈도로 주어졌을 때, 특히 명목척도 자료의 분석에 이용된다.

카이제곱 값은 $\chi^2 = \Sigma$ (관측값 − 기대값)^2/ 기대값 으로 계산한다.

Excel에 의한 해법

《순서 1》준비

다음과 같이 입력한다.

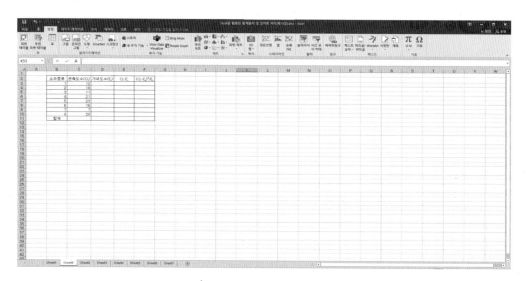

《순서 2》수식의 입력

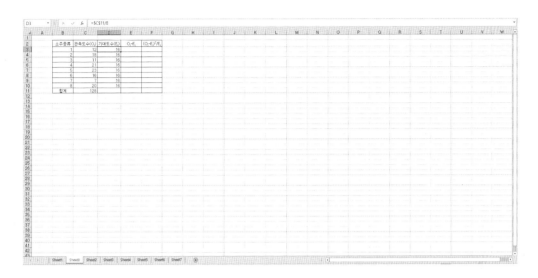

[셀의 입력내용]

C11; = SUM(C3:C10)

D3; = $C$11/8 　　　　　(D3를 D4에서 D10까지 복사한다)

《순서 3》관측도수와 기대도수의 차 계산

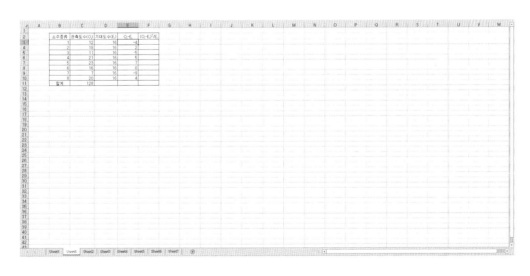

[셀의 입력내용]

E3; = C3 - D3 　　　　(E3를 E4에서 E10까지 복사한다)

《순서 4》 $(O_i - E_i)^2 / E_i$ 및 $\sum (O_i - E_i)^2 / E_i$의 계산

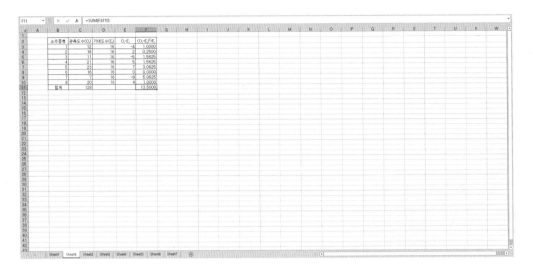

[셀의 입력내용]

F3; = E3^2/D3　　　　　(F3를 F4에서 F10까지 복사한다)

F11;　= SUM(F3:F10)

《순서 5》 유의수준의 입력, 자유도 및 카이제곱 임계치의 계산

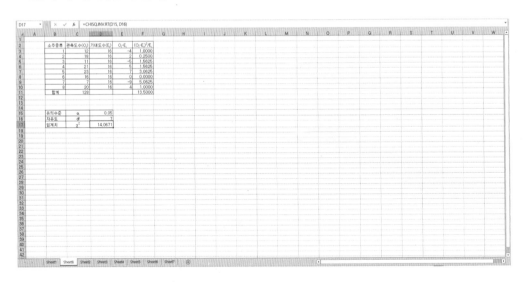

[셀의 입력내용]

D15;　0.05

D16; = COUNT(B3:B10) - 1

D17; = CHISQ.INV.RT(D15, D16)

《순서 6》 판정

(1) χ^2 통계량($\sum (O_i - E_i)^2 / E_i$) = 13.5000 < 임계치 χ^2 = 14.0671
이므로 귀무가설 H_0 : 소주 사이에 선호도의 차이는 없다는 채택된다. 따라서 소주에 대한 선호도 차이는 없다고 판단된다.

(2) 그런데 유의수준이 α = 0.10일 때는 임계치가 χ^2 = 12.0170이다. 따라서 13.5000 > 12.0107이므로 귀무가설은 기각된다. 따라서 소주에 대한 선호도 차이는 있다고 판단된다.

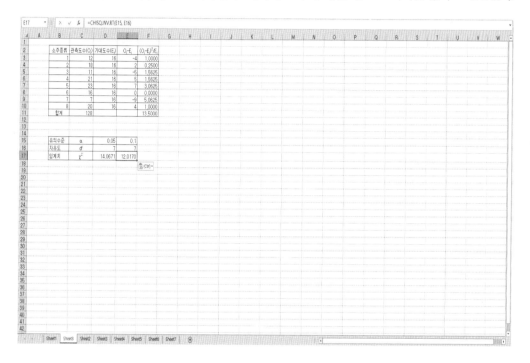

2. 정규분포의 적합도검정

통계이론에서 모집단의 확률분포에 대한 가정이 자주 언급되었다. 모집단의 확률분포에 대한 그러한 가정이 과연 타당한지 검정하는 것을 모집단의 분포형태에 관한 적합도검정이라고 한다. 먼저 정규분포의 적합도검정에 대해서 살펴보자.

K공업주식회사에서 생산하고 있는 건전지의 수명에 대한 분포를 알아보기 위하여 1,000개의 건전지에 대한 수명을 측정하였다. 그 결과 표본의 평균은 174시간이고, 표준편차는 22시간이었다. 이 데이터를 구간으로 나누어 도수분포표로 정리하였다. 건전지의 수명이 정규분포를 이루고 있는지를 유의수준 5%에서 검정하여 보자.

수 명	개 수
0~ 120	20
120 ~ 140	110
140 ~ 160	225
160 ~ 180	305
180 ~ 200	215
200 ~ 220	103
220 이상	22
합 계	1,000

귀무가설과 대립가설은 다음과 같다.

귀무가설(H_0) : 건전지의 수명은 정규분포를 이룬다
대립가설(H_1) : 건전지의 수명은 정규분포를 이루지 않는다

🌀 **Excel에 의한 해법**

표본 평균과 표준편차를 이용하여 모집단의 평균과 표준편차를 추정한다. 모집단의 평균과 표준편차의 추정치는 각각 174와 22이다. 이 값을 이용해서 각 구간에 속할 확률과 빈도수를 구한다.

《순서 1》 기본 데이터의 입력 및 준비

다음과 같이 입력한다.

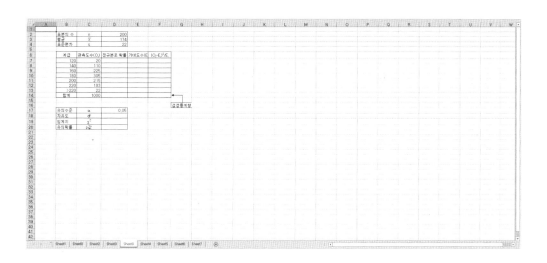

《순서 2》 정규분포의 확률 산출

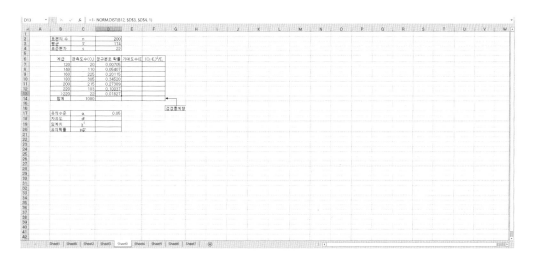

[셀의 입력내용]

D7; = NORM.DIST(B7, $D$3, $D$4, 1)

D8; = NORM.DIST(B8, $D$3, $D$4, 1) - NORM.DIST(B7, $D$3, $D$4, 1)

D9; = NORM.DIST(B9, $D$3, $D$4, 1) - NORM.DIST(B8, $D$3, $D$4, 1)

D10;=NORM.DIST(B10, $D$3, $D$4, 1) - NORM.DIST(B9, $D$3, $D$4, 1)

D11; = NORM.DIST(B11, $D$3, $D$4, 1) - NORM.DIST(B10, $D$3, $D$4, 1)

D12; = NORM.DIST(B12, $D$3, $D$4, 1) - NORM.DIST(B11, $D$3, $D$4, 1)

D13; = 1 - NORM.DIST(B12, $D$3, $D$4, 1)

《순서 3》 기대도수, 카이제곱의 계산

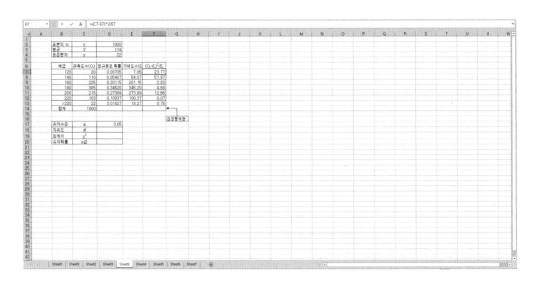

[셀의 입력내용]

E7; = D7*$D$2   (E7을 E8에서 E13까지 복사한다)

F7; = (C7 - E7)^2/E7   (F7을 F8에서 F13까지 복사한다)

《순서 4》 합계, df, p값, 임계치의 계산

(1) 셀 D7:F14 영역을 지정하고 [자동 합계] 버튼을 클릭한다.

(2) 자유도, p값, 임계치의 계산

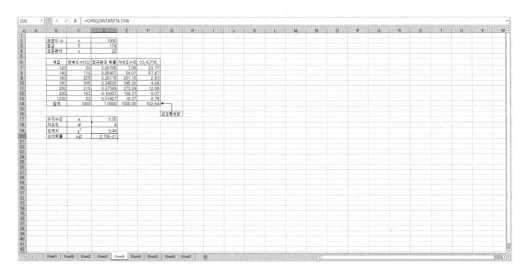

[셀의 입력내용]

D14; = SUM(D7:D13)(D14를 F14까지 복사한다)

D18; = COUNTA(B7:B13) - COUNT(D3:D4) - 1

D19; = CHISQ.INV.RT(D17, D18)

D20; = CHISQ.DIST.RT(F14, D18)

자유도의 계산은 다음과 같이 실시된다.

$$자유도 = df = 구간의 수 - 추정된 모수의 수 - 1$$
$$= COUNTA(B7:B13) - COUNT(D3:D4) - 1$$
$$= 7 - 2 - 1 = 4$$

여기에서 COUNT(B7:B13) = 6이고 COUNTA(B7:B13) = 7임을 주의해야 한다. 즉, COUNT는 숫자만을 카운트하고, COUNTA는 값이 있거나 비어 있지 않은 셀의 개수를 구해 준다.

《순서 5》결과의 판정

(1) 검정통계량에 의한 판정

$$검정통계량 \ \chi^2 = 102.64 > 임계치 \ \chi^2 = 9.49$$

이므로 귀무가설은 기각된다. 즉, 건전지의 수명은 정규분포를 이룬다고 볼 수 없다.

(2) p값에 의한 판정

$$유의확률 \ p값 = 2.7E - 21 < 유의수준 \ \alpha = 0.05$$

이므로 역시 귀무가설은 기각된다.

| 예제 | 13-3

S고등학교 학생들의 신장이 정규분포를 하는지 알아 보고자 200명의 학생을 무작위로 추출하여 키를 측정했다. 그 결과를 도수분포표로 정리한 것이 다음의 표이다. 학생들의 신장이 정규분포를 이루고 있는지 유의수준 1%에서 검정하라. 표본 학생 신장의 평균과 표준편차는 각각 164cm와 10cm이다.

신 장	학 생 수
150 미만	15
150 ~ 160	54
160 ~ 170	78
170 ~ 180	42
180 이상	11
합 계	200

귀무가설과 대립가설은 다음과 같다.

귀무가설(H_0) : 학생들의 신장은 정규분포를 이룬다

대립가설(H_1) : 학생들의 신장은 정규분포를 이루지 않는다

🍵 **Excel에 의한 해법**

표본 평균과 표본 표준편차를 이용하여 모집단의 평균과 표준편차를 추정한다. 추정치는 각각 164와 10이다. 이 값을 이용하여 각 구간에 속할 확률과 빈도수를 구한다.

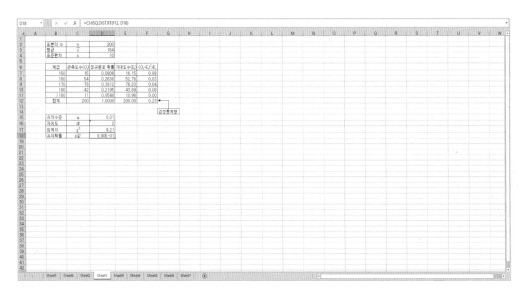

검정통계량 χ^2 = 0.23 < 임계치 χ^2 = 9.21

이므로 귀무가설(H_0)은 기각될 수 없다. 즉, 학생들의 신장은 정규분포를 이룬다고 볼 수 있다. p값(0.890)을 살펴보면 유의수준(0.01)보다 크므로 역시 귀무가설(H_0)은 채택된다.

3. 이항분포의 적합도검정

| 예제 | 13-4

100명의 학생들에게 동전을 3회씩 던지게 했다. 앞면이 한 번도 안 나온 학생이 15명, 앞면이 한 번 나온 학생은 35명, 앞면이 2회 나온 학생은 33명, 그리고 3회 모두 앞면이 나온 학생은 17명이었다. 3회 동전을 던져 앞면이 나오는 수는 과연 이항분포를 따른다고 할 수 있는지 5% 유의수준에서 검정하라.

귀무가설과 대립가설은 다음과 같다.

귀무가설(H_0) : 모집단은 이항분포를 이룬다

대립가설(H_1) : 모집단은 이항분포를 이루지 않는다

🌙 Excel에 의한 해법

《순서 1》 기본 데이터의 입력 및 준비

다음과 같이 입력한다.

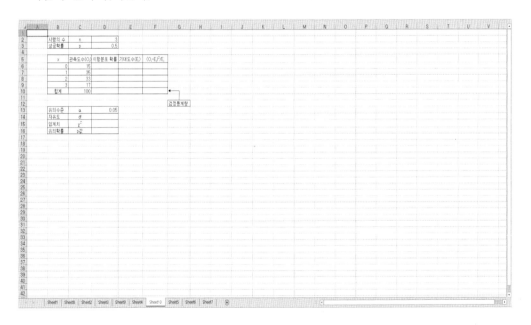

《순서 2》 이항분포 확률 계산

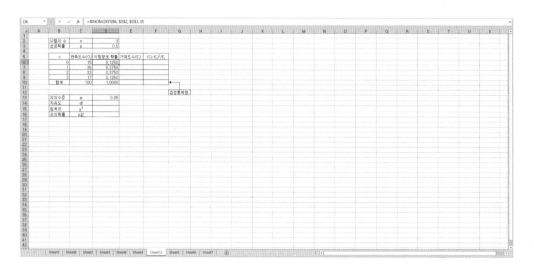

[셀의 입력내용]

D6; = BINOM.DIST(B6, $D$2, $D$3, 0)   (D6를 D7에서 D9까지 복사한다)

D10; = SUM(D6:D9)

《순서 3》 기대도수, 카이제곱의 계산

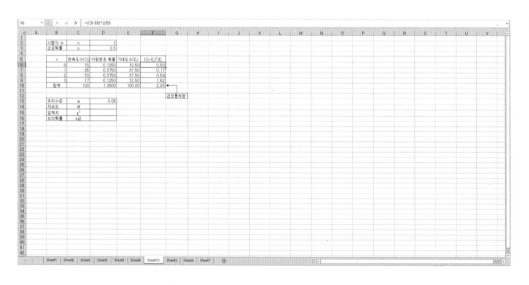

[셀의 입력내용]

E6; = D6*$C$10   (E6를 E7에서 E9까지 복사한다)

E10; = SUM(E6:E9)

F6; = (C6 - E6)^2/E6   (F6를 F7에서 F9까지 복사한다)

F10; = SUM(F6:F9)

《순서 4》 자유도 df, 임계치, p값의 계산

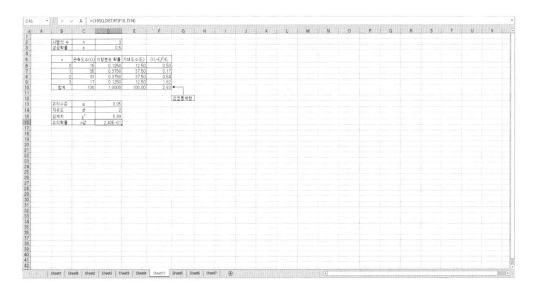

[셀의 입력내용]

D14; = 4 - 1 - 1   (여기에서는 한 개의 모수 $\hat{p}$ 를 추정하였으므로)

D15; = CHISQ.INV.RT(D13, D14)

D16; = CHISQ.DIST.RT(F10, D14)

《순서 5》 결과의 판정

검정통계량 χ^2 = 2.83 < 임계치 χ^2 = 5.99

이므로 귀무가설(H_0)을 기각할 수 없다. 즉, 모집단은 이항분포를 따른다고 볼 수 있다.

p값 = 0.243 > 유의수준 α = 0.05

이므로 역시 귀무가설(H_0)은 채택된다.

🌢 그래프에 의한 확인

관측도수와 기대도수를 동시에 그래프로 표현함으로써 관측도수가 이항분포에 따름을 확인할 수 있다.

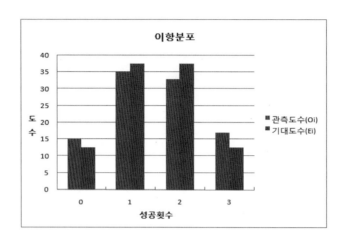

4. 포아송 분포의 적합도검정

|예제| 13-5

중부고속도로 하행선 톨게이트에서는 1분당 평균 5대의 차량이 통과하는 것으로 알려져 있다. 한 번에 1분씩 65회 관측하여 차량통과 대수를 측정한 결과가 다음 표와 같다. 이 톨게이트를 통과하는 차량의 분포가 1분당 평균 5대인 포아송 분포를 이룬다고 할 수 있는지 5%의 유의수준으로 검정하라.

차량통과 대수	관측도수	차량통과 대수	관측도수
0	4	8	4
1	1	9	3
2	0	10	0
3	9	11	0
4	12	12	2
5	17	13	0
6	8	14 이상	0
7	5	합 계	65

귀무가설과 대립가설은 다음과 같다.

    귀무가설(H_0) : 모집단은 포아송 분포를 이룬다

    대립가설(H_1) : 모집단은 포아송 분포를 이루지 않는다

🐾 Excel에 의한 해법

포아송 분포는 1분 동안의 평균 차량통과 대수 λ를 모수로 갖는다.

《순서 1》 기본 데이터의 입력 및 준비

다음과 같이 입력한다.

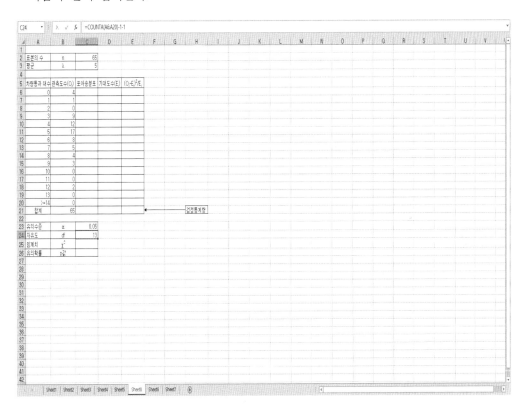

자유도 df ; 여기에서는 한 개의 모수(λ)를 추정하였으므로 자유도(df)는

df ; = COUNTA(A6:A20) - 1 - 1 = 13이다.

《순서 2》 포아송 분포 확률, 기대도수, 카이제곱 및 합계의 계산

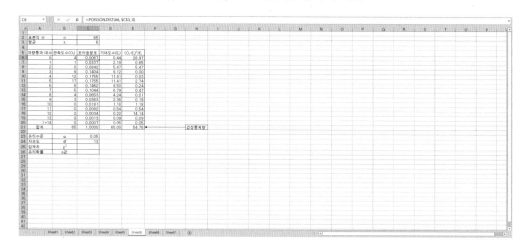

[셀의 입력내용]

C6; = POISSON.DIST(A6, $C$3, 0)   (C6를 C7에서 C19까지 복사한다)

C20; = 1 - POISSON.DIST(A19, $C$3, 1)

C21; = SUM(C6:C20)

D6; = C6*$C$2   (D6를 D7에서 D20까지 복사한다)

D21; = SUM(D6:D20)

E6; = (B6 - D6)^2/D6   (E6를 E7에서 E20까지 복사한다)

E21; = SUM(E6:E20)

《순서 3》 임계치, p값의 계산

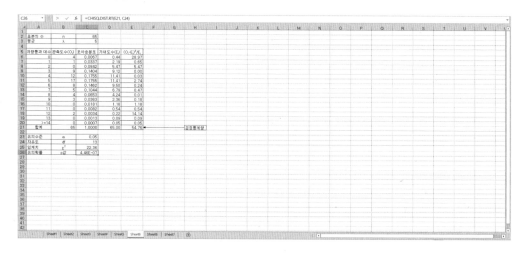

[셀의 입력내용]

C25; = CHISQ.INV.RT(C23, C24)

C26; = CHISQ.DIST.RT(E21, C24)

《순서 4》 결과의 판정

(1)   검정통계량 χ^2 = 54.76 > 임계치 χ^2 = 22.36

이므로 귀무가설(H_0)은 기각된다. 즉, 모집단은 포아송 분포를 따른다고 볼 수 없다.

(2) p값 = 4.46E - 07 < 유의수준 α = 0.05

이므로 역시 귀무가설(H_0)은 기각된다.

● 그래프에 의한 확인

관측도수와 기대도수를 동시에 그래프로 표현함으로써 관측도수가 포아송 분포에 따르고 있지 않음을 확인할 수 있다.

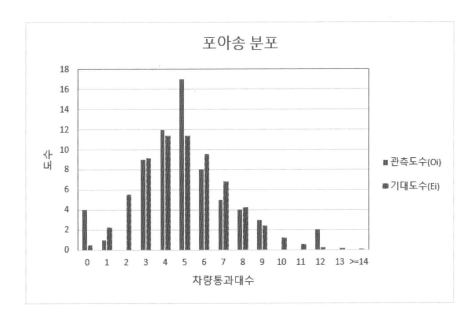

3. 독립성검정

지금까지는 카이제곱 검정을 이용한 적합도검정에 대하여 알아 보았다. 이외의 카이제곱 검정으로 독립성검정을 들 수 있는데 독립성검정에서는 주로 분할표가 이용된다.

분할표(contingency table)란 모집단에서 추출된 통계 데이터를 특정한 분류기준에 의하여 행과 열로 정리한 표를 말한다. 예를 들어 450명을 표본추출하여 학력별 임금수준을 조사한 결과가 다음 <표 13 - 2>와 같다고 하자.

| 표 13-2 | **학력별 임금수준**

	고졸	대졸	대학원졸	합계
100만 원 미만	34	36	10	80
100~200만 원	41	72	36	149
200~300만 원	10	78	58	146
300만 원 이상	4	26	45	75
합계	89	212	149	450

<표 13 - 2>는 4개의 행과 3개의 열로 구성되어 있으므로 이것을 4×3의 분할표라고 한다. 이 표에서 학력과 임금수준이 상호 독립인지 혹은 종속인지를 알고자 한다면 카이제곱 검정을 이용하여 해결할 수 있다. 독립성검정(independence test)이란 분할표에 있어서의 두 가지 분류기준이 서로 독립적인지 종속적인지를 파악하기 위한 검정이라고 할 수 있다. 이 표에서 학력과 임금수준이 상호 독립적이라면 두 변수 간에 아무런 관계가 없다는 것이며, 상호 종속적이라면 학력에 따라 임금수준이 달라진다는 것을 의미한다.

| 예제 | 13-6

<표 13 - 2>에서 두 변수(학력과 임금수준)가 상호 독립적인지를 유의수준 5%에서 검정하라.

독립성검정을 위한 귀무가설과 대립가설은 다음과 같다.
   귀무가설(H_0) : 두 변수는 독립적이다
   대립가설(H_1) : 두 변수는 독립적이 아니다

Excel에 의한 해법

《순서 1》 기본 데이터의 입력 및 준비

다음과 같이 입력한다.

	A	B	C	D	E	F
3	관측도수	고졸	대졸	대학원졸	행의 합계	
4	100만원 이	34	36	10		
5	100 - 200	41	72	36		
6	200- 300만	10	78	58		
7	300만원 이	4	26	45		
8	열의 합계					

《순서 2》 행과 열의 합계 계산

셀 C4:F8 영역을 지정하고 [자동합계] 버튼을 클릭한다.

F8 ▾　　× ✓ *fx*　=SUM(C8:E8)

	A	B	C	D	E	F
3		관측도수	고졸	대졸	대학원졸	행의 합계
4		100만원 이하	34	36	10	80
5		100 - 200만원	41	72	36	149
6		200- 300만원	10	78	58	146
7		300만원 이상	4	26	45	75
8		열의 합계	89	212	149	450

《순서 3》 기대도수의 계산

(1) 분할표를 셀 B10을 기점으로 복사한다.

(2) 셀 B10에 '기대도수'라고 입력한다.

	A	B	C	D	E	F	G	H	I	J	K
1											
2											
3		관측도수	고졸	대졸	대학원졸	행의 합계					
4		100만원 이하	34	36	10	80					
5		100 - 200만원	41	72	36	149					
6		200- 300만원	10	78	58	146					
7		300만원 이상	4	26	45	75					
8		열의 합계	89	212	149	450					
9											
10		기대도수	고졸	대졸	대학원졸	행의 합계					
11		100만원 이하	34	36	10	80					
12		100 - 200만원	41	72	36	149					
13		200- 300만원	10	78	58	146					
14		300만원 이상	4	26	45	75					
15		열의 합계	89	212	149	450					
16											
17											
18											
19											
20											
21											
22											
23											
24											
25											

(3) 기대도수의 계산식 입력

셀 C11을 지정하고 수식입력줄에 ' = C$8*$F4/$F$8' 식을 입력한다.

| CHISQ.IN... ▼ | ⋮ | × ✓ fx | = C$8*$F4/$F$8 |

	A	B	C	D	E	F	G	H	I	J	K
1											
2											
3		관측도수	고졸	대졸	대학원졸	행의 합계					
4		100만원 이하	34	36	10	80					
5		100 - 200만원	41	72	36	149					
6		200- 300만원	10	78	58	146					
7		300만원 이상	4	26	45	75					
8		열의 합계	89	212	149	450					
9											
10		기대도수	고졸	대졸	대학원졸	행의 합계					
11		100만원 이하	=C$8*$F4	36	10	80					
12		100 - 200만원	41	72	36	149					
13		200- 300만원	10	78	58	146					
14		300만원 이상	4	26	45	75					
15		열의 합계	89	212	149	450					
16											
17											
18											
19											
20											
21											
22											
23											
24											
25											

(4) 셀 C11을 D11에서 E14까지 복사한다. 기대도수 분할표가 완성된다.

| E14 | | | f_x | =E$8*$F7/$F$8 | | |

	A	B	C	D	E	F	G	H	I	J	K
1											
2											
3		관측도수	고졸	대졸	대학원졸	행의 합계					
4		100만원 이하	34	36	10	80					
5		100 - 200만원	41	72	36	149					
6		200- 300만원	10	78	58	146					
7		300만원 이상	4	26	45	75					
8		열의 합계	89	212	149	450					
9											
10		기대도수	고졸	대졸	대학원졸	행의 합계					
11		100만원 이하	15,82	37,69	26,49	80					
12		100 - 200만원	29,47	70,20	49,34	149					
13		200- 300만원	28,88	68,78	48,34	146					
14		300만원 이상	14,83	35,33	24,83	75					
15		열의 합계	89	212	149	450					
16											
17											
18											
19											
20											
21											
22											
23											
24											
25											

《순서 4》 카이제곱 값의 계산

(1) 셀 B3:F8 영역을 셀 B17을 기준으로 복사한다.

(2) 셀 B17에 'χ^2통계량'이라고 입력한다.

	A	B	C	D	E	F	G	H	I	J	K
1											
2											
3		관측도수	고졸	대졸	대학원졸	행의 합계					
4		100만원 이하	34	36	10	80					
5		100 - 200만원	41	72	36	149					
6		200- 300만원	10	78	58	146					
7		300만원 이상	4	26	45	75					
8		열의 합계	89	212	149	450					
9											
10		기대도수	고졸	대졸	대학원졸	행의 합계					
11		100만원 이하	15,82	37,69	26,49	80					
12		100 - 200만원	29,47	70,20	49,34	149					
13		200- 300만원	28,88	68,78	48,34	146					
14		300만원 이상	14,83	35,33	24,83	75					
15		열의 합계	89	212	149	450					
16											
17		χ^2 통계량	고졸	대졸	대학원졸	행의 합계					
18		100만원 이하	34	36	10	80					
19		100 - 200만원	41	72	36	149					
20		200- 300만원	10	78	58	146					
21		300만원 이상	4	26	45	75					
22		열의 합계	89	212	149	450					
23											
24											
25											

(3) 카이제곱 값의 계산식 입력

셀 C18을 지정하고 '= (C4 - C11)^2/C11' 식을 입력한다.

CHISQ.IN... ▼	:	✕ ✓ *fx*	= (C4 - C11)^2/C11								
◢	A	B	C	D	E	F	G	H	I	J	K
1											
2											
3		관측도수	고졸	대졸	대학원졸	행의 합계					
4		100만원 이하	34	36	10	80					
5		100 - 200만원	41	72	36	149					
6		200- 300만원	10	78	58	146					
7		300만원 이상	4	26	45	75					
8		열의 합계	89	212	149	450					
9											
10		기대도수	고졸	대졸	대학원졸	행의 합계					
11		100만원 이하	15,82	37,69	26,49	80					
12		100 - 200만원	29,47	70,20	49,34	149					
13		200- 300만원	28,88	68,78	48,34	146					
14		300만원 이상	14,83	35,33	24,83	75					
15		열의 합계	89	212	149	450					
16											
17		χ^2 통계량	고졸	대졸	대학원졸	행의 합계					
18		100만원 이하	)^2/C11	36	10	80					
19		100 - 200만원	41	72	36	149					
20		200- 300만원	10	78	58	146					
21		300만원 이상	4	26	45	75					
22		열의 합계	89	212	149	450					
23											
24											
25											

(4) 셀 C18을 D18에서 E21까지 복사한다.

F22	▼	: ✕ ✓ *fx*	=SUM(C22:E22)								
◢	A	B	C	D	E	F	G	H	I	J	K
1											
2											
3		관측도수	고졸	대졸	대학원졸	행의 합계					
4		100만원 이하	34	36	10	80					
5		100 - 200만원	41	72	36	149					
6		200- 300만원	10	78	58	146					
7		300만원 이상	4	26	45	75					
8		열의 합계	89	212	149	450					
9											
10		기대도수	고졸	대졸	대학원졸	행의 합계					
11		100만원 이하	15,82	37,69	26,49	80					
12		100 - 200만원	29,47	70,20	49,34	149					
13		200- 300만원	28,88	68,78	48,34	146					
14		300만원 이상	14,83	35,33	24,83	75					
15		열의 합계	89	212	149	450					
16											
17		χ^2 통계량	고졸	대졸	대학원졸	행의 합계					
18		100만원 이하	20,88	0,08	10,26	31,22					
19		100 - 200만원	4,51	0,05	3,60	8,16					
20		200- 300만원	12,34	1,24	1,93	15,50					
21		300만원 이상	7,91	2,47	16,38	26,75					
22		열의 합계	45,65	3,82	32,18	81,64					
23											
24											
25											

《순서 5》 자유도, 검정통계량 카이제곱 및 임계치의 계산

(1) 자유도 = df ; = (행의 수 - 1)×(열의 수 - 1) = (4 - 1)×(3 - 1) = 6

(2) 검정통계량 카이제곱 ; = SUM(C18:E21)

임계치 카이제곱 ; = CHISQ.INV.RT(J18, J17)

	A	B	C	D	E	F	G	H	I	J	K
1											
2											
3		관측도수	고졸	대졸	대학원졸	행의 합계					
4		100만원 이하	34	36	10	80					
5		100 - 200만원	41	72	36	149					
6		200- 300만원	10	78	58	146					
7		300만원 이상	4	26	45	75					
8		열의 합계	89	212	149	450					
9											
10		기대도수	고졸	대졸	대학원졸	행의 합계					
11		100만원 이하	15,82	37,69	26,49	80					
12		100 - 200만원	29,47	70,20	49,34	149					
13		200- 300만원	28,88	68,78	48,34	146					
14		300만원 이상	14,83	35,33	24,83	75					
15		열의 합계	89	212	149	450					
16											
17		χ^2 통계량	고졸	대졸	대학원졸	행의 합계		자유도	df	6	
18		100만원 이하	20,88	0,08	10,26	31,22		유의수준	α	0,05	
19		100 - 200만원	4,51	0,05	3,60	8,16		검정통계량	χ^2	81,64	
20		200- 300만원	12,34	1,24	1,93	15,50		임계치	χ^2	12,59	
21		300만원 이상	7,91	2,47	16,38	26,75		유의확률	p값		
22		열의 합계	45,65	3,82	32,18	81,64					
23											
24											
25											

《순서 6》 *p*값의 계산

(1) *p*값 ; = CHISQ.DIST.RT(J19, J17) 또는

(2) *p*값 ; = CHISQ.TEST(C4:E7, C11:E14)

계산 결과는 모두 1.63351E - 15(1.63351×10 - 15)로서 동일하다.

	A	B	C	D	E	F	G	H	I	J	K
1											
2											
3		관측도수	고졸	대졸	대학원졸	행의 합계					
4		100만원 이하	34	36	10	80					
5		100 - 200만원	41	72	36	149					
6		200- 300만원	10	78	58	146					
7		300만원 이상	4	26	45	75					
8		열의 합계	89	212	149	450					
9											
10		기대도수	고졸	대졸	대학원졸	행의 합계					
11		100만원 이하	15,82	37,69	26,49	80					
12		100 - 200만원	29,47	70,20	49,34	149					
13		200- 300만원	28,88	68,78	48,34	146					
14		300만원 이상	14,83	35,33	24,83	75					
15		열의 합계	89	212	149	450					
16											
17		χ^2 통계량	고졸	대졸	대학원졸	행의 합계		자유도	df	6	
18		100만원 이하	20,88	0,08	10,26	31,22		유의수준	α	0,05	
19		100 - 200만원	4,51	0,05	3,60	8,16		검정통계량	χ^2	81,64	
20		200- 300만원	12,34	1,24	1,93	15,50		임계치	χ^2	12,59	
21		300만원 이상	7,91	2,47	16,38	26,75		유의확률	p값	1,63E-15	
22		열의 합계	45,65	3,82	32,18	81,64			p값	1,63E-15	
23											
24											
25											

《순서 7》 결과의 판정

(1)　　　　검정통계량 χ^2 = 81.64 > 임계치 χ^2 = 12.59

이므로 귀무가설(H_0)은 기각된다. 즉, 학력과 임금수준은 독립적이라고 할 수 없다.

(2)　　　　유의확률 p값 = 1.63351E - 15(1.63351×10 - 15) < 유의수준 $\alpha = 0.05$

이므로 역시 귀무가설(H_0)은 기각된다.

4. 동질성검정

두 개 이상의 다항분포의 동질성을 비교하는 데에도 카이제곱 검정이 이용된다. 검정과정은 전술한 독립성검정과 같지만 결과의 표현방법이나 분석목적에 따라 약간의 차이가 있다.

| 예제 | 13-7

다음의 데이터는 안락사에 관한 시민들의 여론을 알아 보기 위해서 기독교인 300명, 천주교인 200명, 불교인 300명, 무교인 400명을 각각 표본추출하여 조사한 것이다.

종교	찬성	반대
기독교	175	125
천주교	100	100
불교	160	140
무교	250	150

이때 각 집단별로 안락사에 관하여 동일한 입장을 취하고 있는지를 5% 유의수준에서 검정하라.

👋 Excel에 의한 해법

《순서 1》 기본 데이터의 입력 및 준비

다음과 같이 입력한다.

	A	B	C	D	E	F	G	H	I	J	K
1											
2		관측도수	찬성	반대	행의 합계						
3		기독교	175	125	300						
4		천주교	100	100	200						
5		불 교	160	140	300						
6		무 교	250	150	400						
7		열의 합계	685	515	1200						

《순서 2》 기대도수의 계산

(1) 분할표를 셀 B9을 기점으로 복사한다.

(2) 셀 B9에 '기대도수'라고 입력한다.

(3) 셀 C10을 지정하고 '=C$7*$E3/$E$7' 식을 입력한다.

(4) 셀 C10을 D10에서 D13까지 복사한다.

　　기대도수 분할표가 완성된다.

C10				f_x	=C$7*$E3/$E$7						
	A	B	C	D	E	F	G	H	I	J	K
2		관측도수	찬성	반대	행의 합계						
3		기독교	175	125	300						
4		천주교	100	100	200						
5		불 교	160	140	300						
6		무 교	250	150	400						
7		열의 합계	685	515	1200						
8											
9		기대도수	찬성	반대	행의 합계						
10		기독교	171.25	128.75	300						
11		천주교	114.17	85.83	200						
12		불 교	171.25	128.75	300						
13		무 교	228.33	171.67	400						
14		열의 합계	685	515	1200						

《순서 3》 카이제곱 값의 계산

(1) 셀 B2:E7 영역을 B16:E21 영역으로 복사한다.

(2) 셀 B16에 'χ^2통계량'이라고 입력한다.

(3) 셀 C17을 지정하고 '=(C3 - C10)^2/C10' 식을 입력한다.

(4) 셀 C17을 D17에서 D20까지 복사한다.

$$\chi^2 = \sum_{i=1}^{k} \frac{(\text{관측도수} - \text{기대도수})^2}{\text{기대도수}}$$

C17		f_x	=(C3-C10)^2/C10			

	A	B	C	D	E	F
1						
2		관측도수	찬성	반대	행의 합계	
3		기독교	175	125	300	
4		천주교	100	100	200	
5		불 교	160	140	300	
6		무 교	250	150	400	
7		열의 합계	685	515	1200	
8						
9		기대도수	찬성	반대	행의 합계	
10		기독교	171.25	128.75	300	
11		천주교	114.17	85.83	200	
12		불 교	171.25	128.75	300	
13		무 교	228.33	171.67	400	
14		열의 합계	685	515	1200	
15						
16		χ^2 통계량	찬성	반대	행의 합계	
17		기독교	0.08	0.11	0.19	
18		천주교	1.76	2.34	4.10	
19		불 교	0.74	0.98	1.72	
20		무 교	2.06	2.73	4.79	
21		열의 합계	4.64	6.17	10.80	
22						
23						
24						
25						

《순서 4》 자유도, 검정통계량 카이제곱, 임계치 및 p값의 계산

(1) 자유도 = df ; = (행의 수 - 1)×(열의 수 - 1) = (4 - 1)×(2 - 1) = 3

(2) 검정통계량 카이제곱 ; = SUM(C17:D20)

(3) 임계치 카이제곱 ; = CHISQ.INV.RT(I17, I16)

(4) p값 ; = CHISQ.DIST.RT(I18, I16)

I20	▼	:	×	✓	fx	=CHISQ.DIST.RT(I18, I16)				
	A	B	C	D	E	F	G	H	I	J	K

	A	B	C	D	E	F	G	H	I	J
1										
2		관측도수	찬성	반대	행의 합계					
3		기독교	175	125	300					
4		천주교	100	100	200					
5		불 교	160	140	300					
6		무 교	250	150	400					
7		열의 합계	685	515	1200					
8										
9		기대도수	찬성	반대	행의 합계					
10		기독교	171.25	128.75	300					
11		천주교	114.17	85.83	200					
12		불 교	171.25	128.75	300					
13		무 교	228.33	171.67	400					
14		열의 합계	685	515	1200					
15										
16		χ^2 통계량	찬성	반대	행의 합계		자유도	df	3	
17		기독교	0.08	0.11	0.19		유의수준	α	0.05	
18		천주교	1.76	2.34	4.10		검정통계량	χ^2	10.80	
19		불 교	0.74	0.98	1.72		임계치	χ^2	7.81	
20		무 교	2.06	2.73	4.79		유의확률	p값	0.0129	
21		열의 합계	4.64	6.17	10.80					
22										
23										
24										
25										

《순서 5》 결과의 판정

(1)　　　　　　검정통계량 χ^2 = 10.80 > 임계치 χ^2 = 7.81

이므로 귀무가설(H_0)은 기각된다. 즉, 안락사에 대한 집단별 의견은 동일하다고 볼 수 없다.

(2)　　　　　　유의확률 p값 = 0.0129 < 유의수준 α = 0.05

이므로 역시 귀무가설(H_0)은 기각된다.

Hint

두 변수가 서로 연관을 맺고 있는지 관심을 갖게 될 때 변수들 간의 독립성을 알아본다고 한다. 예를 들면 학생들의 영양 상태와 성적 간의 관계가 있는지, 취득 학위와 소득 수준 간의 관계가 있는지 알아보는 것을 변수 간의 독립성검정이다. 자료(변수)들의 분포가 동일한지를 살펴보는 것을 동질성(homogeneity)검정이라 한다. 예를 들어 보자. 독립인 두 모비율을 검정하는 경우(남자의 성 경험 비율과 여자의 성 경험 비율의 차이가 있는가) 귀무가설은 $H_0 : p_1 = p_2$라고 설정하여 z검정이나 t검정을 시행할 수 있다. 만약 이 귀무가설을 "두 모집단이 동질하다"고 한다면 동질성검정을 통해 비율의 차이가 있는지 검정하게 된다. 독립성검정이나 동질성검정은 χ^2검정을 실시한다.

참고문헌

| 국내문헌 |

1. 강금식. 「생산·운영관리」. 박영사, 1993.

2. 곽노균·최태성. 「경영과학」. 다산출판사, 1998.

3. 김기곤. 「엑셀 97」. 글로벌, 1998.

4. 김숙자 역. 「Microsoft 한글 엑셀 97」. 탐구원, 1998.

5. 김충혁. 「한글 엑셀 97」. 웅보출판사, 1998.

6. 노형진. 「엑셀로 배우는 경영수학」. 한올출판사, 2008.

7. 노형진. 「다변량해석 - 질적 데이터의 수량화 - 」. 석정, 1990.

8. 노형진·유한주·이상석. 「최신 통계학」. 석정, 1991.

9. 노형진·한상도·장명복. 「Excel에 의한 경영자료분석」. 형설출판사, 2003.

10. 노형진. 「Excel을 활용한 품질경영」. 청암미디어, 1999.

11. 노형진. 「Excel에 의한 조사방법 및 통계분석」. 법문사, 1998.

12. 노형진. 「Excel에 의한 통계적 조사방법」. 형설출판사, 2000.

13. 노형진. 「Excel을 활용한 통계적 품질관리」(초판). 형설출판사, 2000.

14. 노형진. 「Excel을 활용한 컴퓨터 경영통계」. 학현사, 2016.

15. 신경철·석철. 「Excel 97」. 이한출판사, 1997.

16. 신동준. 「알기 쉬운 엑셀 매크로」. 기전연구사, 1997.

17. 이건창. 「엑셀 매크로와 VBA를 이용한 자료분석 및 의사결정」. 21세기사, 1997.

18. 이영옥. 「엑셀 실전 문제집」. ㈜현민시스템, 1997.

19. 이준화 외 2인 공저. 「한글 엑셀 97 플러스 원」. 대림, 1998.

20. 이화룡. 「Excel 2003으로 풀어보는 경영통계」. 두남문화사, 2005.

21. 이화룡. 「Excel 2003으로 풀어보는 경영과학」. 두남문화사, 2005.

22. 윤미현 역. 「한글 엑셀」. 사이버출판사, 1997.

23. 원달수·원종권. 「한글 엑셀 7.0」. 홍릉과학출판사, 1997.

24. 정연금 편저. 「한글 엑셀 97」. 영진출판사, 1997.

25. 정태성·이승기. 「한글 엑셀 7.0」. 대림, 1996.

| 일본문헌 |

1. 內田治. 「すぐわかるEXCELによる統計解析」. 東京圖書, 1996.
2. 內田治. 「すぐわかるEXCELによる多變量解析」. 東京圖書, 1996.
3. 內田治. 「すぐわかるEXCELによるアンケートの調査・集計・解析」. 東京圖書, 1996.
4. 富士通,オフィス機器株式會社,『Microsoft Ofifice Excel 2007 基礎』, 2007.
5. 富士通,オフィス機器株式會社,『Microsoft Ofifice Excel 2007 應用』, 2007.
6. 小林龍一. 「相關・回歸分析入門」. 日科技連出版, 1982.
7. 小林・內田. 「やさしいSQC」. 日本經濟新聞社, 1986.
8. 芳賀・橋本. 「回歸分析と主成分分析」. 日科技連出版, 1980.
9. 林知己夫. 「データ解析の方法」. 東洋經濟新報社, 1974.
10. 柳井・高木 編著. 「多變量解析ハンドブック」. 現代數學社, 1986.

| 서양문헌 |

1. Belsley, D. A., Kuh, E. and Welsch, R. E. *Regression Diagnostics; Identifying Influential Data and Sources of Collinearity.* John Wiley & Sons, 1980.
2. Chatterjee, S. and Price, B. *Regression Analysis by Examples.* John Wiley & Sons, 1977.
3. Cook, R. D. and Weisberg, S. *Residuals and Influence in Regression.* Chapman and Hall, 1982.
4. Draper, N. R. and Smith, H. *Applied Regression Analysis.* John Wiley & Sons, 1981.
5. Everitt, B. S. *The Analysis of Contingency Tables.* London: Chapman & Hall, 1977.
6. Kendall, M. G. *Multivariate Analysis.* Charles Griffin, 1975.
7. Lachenbruch, P. A. *Discriminant Analysis.* Hafner, 1975.
8. Rao, C. R. *Linear Statistical Influence and Its Applications.* John Wiley & Sons, 1973.
9. Seber, G. A. F. *Linear Statistical Analysis.* John Wiley & Sons, 1977.
10. Weisberg, S. *Applied Linear Regression.* John Wiley & Sons, 1980.

Index

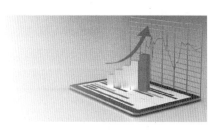

Excel을 활용한
통계분석

✤ 노형진(e-mail: hjno@kyonggi.ac.kr)

- 서울대학교 공과대학 졸업(공학사)
- 고려대학교 대학원 수료(경영학박사)
- 일본 쓰쿠바대학 대학원 수료(경영공학 박사과정)
- 일본 문부성 통계수리연구소 객원연구원
- 일본 동경대학 사회과학연구소 객원교수
- 러시아 극동대학교 한국학대학 교환교수
- 중국 중국해양대학 관리학원 객좌교수
- 현재) 경기대학교 경상대학 경영학과 명예교수
  한국제안활동협회 회장

| 주요 저서 |

- 『Amos로 배우는 구조방정식모형』 학현사
- 『SPSS를 활용한 주성분분석과 요인분석』 한올출판사
- 『Excel 및 SPSS를 활용한 다변량분석 원리와 실천』 한올출판사
- 『SPSS를 활용한 연구조사방법』 지필미디어
- 『SPSS를 활용한 고급통계분석』 지필미디어
- 『제4차 산업혁명을 이끌어가는 스마트컴퍼니』 한올출판사
- 『제4차 산업혁명의 핵심동력 - 장수기업의 소프트파워-』 한올출판사
- 『제4차 산업혁명의 기린아 기술자의 왕국 혼다』 한올출판사
- 『제4차 산업혁명의 총아 제너럴 일렉트릭』 한올출판사
- 『망령의 포로 문재인과 아베신조』 한올출판사
- 『프로파간다의 달인』 한올출판사
- 『3년의 폭정으로 100년이 무너지다』 한올출판사

✤ 유자양(e-mail: victor@kgu.ac.kr)

- 석가장육군사관학교 공상관리학과 졸업(관리학 학사)
- 경기대학교 대학원 석사과정 졸업(경영학석사)
- 경기대학교 대학원 박사과정 졸업(경영학박사)
- 현재) 경기대학교 대학원 글로벌비즈니스학과 교수

| 주요 저서 |

- 『SPSS및 EXCEL을 활용한 다변량분석 이론과 실제』 지필미디어
- 『Excel을 활용한 컴퓨터 경영통계』 학현사
- 『엑셀을 활용한 품질경영』 한올출판사

✤ 조신생(e-mail: xinshengxyz@dsu.ac.kr)

- 요성대학교 한국어전공 졸업
- 경기대학교 이벤트학과 졸업(관광학사)
- 경기대학교 대학원 석사과정 졸업(경영학석사)
- 경기대학교 대학원 박사과정 졸업(경영학박사)
- 하북민족사범대학교 관광항공서비스대학 교수 역임
- 현재) 동신대학교 기초교양대학 교수

| 주요 저서 |

- 『(SPSS를 활용한) 설문조사 및 통계분석』 학현사
- 『마케팅경영전략연구』 길림출판사

✤ 동초희(e-mail: chrisdong0715@hotmail.com)

- 충칭사범대학교 영어영문학과(문학 학사)
- 경기대학교 대학원 무역학과 졸업(경영학석사)
- 경기대학교 대학원 글로벌비즈니스학과 박사과정수료
- 현재) 명지대학교 국제학부 공상관리전공 객원교수

| 주요 저서 |

- 한국 전자산업의 대중국 직접투자 결정요인에 관한연구,
  경기대학교 대학원
- 『엑셀을 활용한 품질경영』 한올출판사

Excel을 활용한 통계분석

초판 1쇄 인쇄 2022년 5월 10일
초판 1쇄 발행 2022년 5월 15일

저 자   노형진·유자양·조신생·동초희
펴낸이   임순재
펴낸곳   (주)한올출판사
등 록   제11-403호
주 소   서울시 마포구 모래내로 83(성산동 한올빌딩 3층)
전 화   (02) 376-4298(대표)
팩 스   (02) 302-8073
홈페이지 www.hanol.co.kr
e-메일   hanol@hanol.co.kr
ISBN   979-11-6647-225-1

Excel을 활용한
통계분석

Excel을 활용한
통계분석

Excel을 활용한
통계분석